新编中等职业

旅游类专业系列教材

旅游职业道德

主　编　陈吉瑞

副主编　谭常娥　周道蓉　王碧琼

重庆大学出版社

内 容 提 要

本书根据我国旅游业的实际情况,对旅游职业道德的特点、作用、基本要求、规范作了系统论述,并在此基础上对导游人员、酒店服务员、旅游管理者的职业素质分别作了详细的阐述,有效地增强了学生学习的针对性。

图书在版编目(CIP)数据

旅游职业道德/陈吉瑞主编.—重庆:重庆大学出版社,
2008.7(2021.1 重印)
(新编中等职业教育旅游类专业系列教材)
ISBN 978-7- 5624- 4364- 3

Ⅰ.旅… Ⅱ.陈… Ⅲ.旅游业—职业道德—专业学校—
教材 Ⅳ.F590.63

中国版本图书馆 CIP 数据核字(2008)第 007709 号

新编中等职业教育旅游类专业系列教材
旅游职业道德
主 编 陈吉瑞
副主编 谭常娥 周道蓉 王碧琼
责任编辑:顾丽萍 尚东亮 版式设计:顾丽萍
责任校对:谢 芳 责任印制:张 策
*
重庆大学出版社出版发行
出版人:饶帮华
社址:重庆市沙坪坝区大学城西路 21 号
邮编:401331
电话:(023) 88617190 88617185(中小学)
传真:(023) 88617186 88617166
网址:http://www.cqup.com.cn
邮箱:fxk@ cqup.com.cn(营销中心)
全国新华书店经销
重庆市正前方彩色印刷有限公司印刷
*
开本:720mm×960mm 1/16 印张:10 字数:184 千
2008 年 7 月第 1 版 2021 年 1 月第 6 次印刷
印数:8 001—9 000
ISBN 978-7-5624-4364-3 定价:27.00 元

　　旅游职业道德是职业教育旅游专业基础课之一。与以往同类教材不同的是：本书分为理论篇与实践篇。理论篇坚持以够用为原则,实践篇分为旅游从业人员的职业道德规范、导游人员的素质与行为规范、酒店服务人员的职业素质、旅游管理者的素质与能力要求等5章,试图把旅游职业道德进一步细化,加强教与学的针对性,以便更好地达到旅游职业教育的目的。

　　本书由湖北省旅游学校陈吉瑞任主编,拟定提纲,湖北省旅游学校谭常娥、云南省旅游学校周道蓉、湖南省张家界旅游学校王碧琼任副主编。编写分工如下：第1章的1,2节由陈吉瑞编写;第1章第3节由湖北省旅游学校余扬编写;第2章由谭常娥编写;第3,7章由湖北省旅游学校潘霞编写;第4章由周道蓉编写;第5章由云南省旅游学校林湄编写;第6章由王碧琼编写。全书由陈吉瑞负责统稿与审稿。

　　在编写过程中,我们参考了大量的相关著作和资料,所引材料我们尽可能注明,其中或许有疏漏,在此谨向给予我们帮助的同仁致以诚挚的谢意。另外,由于水平和时间有限,教材中难免有不当之处,希望专家和同仁给予批评指正。

编　者

2008 年 5 月

理 论 篇

第1章
道德概述

【本章导读】

社会主义"德治"观强调"以德治国",绝不是夸大道德的社会作用,而是使"德治"与"法治"并行不悖,并驾齐驱。什么是"德"? 社会主义道德有哪些内容? 信息时代又给道德带来了什么? 这些正是本章的主旨。

【关键词】

道德　社会主义道德　信息时代

案例导入

"如果养成了良好的保护环境和讲究卫生的习惯,未来的社会将受益无穷。"近日,武汉市枫叶国际学校高一(1)班的王潇同学致信李宪生市长,向全市中小学生发出拒用一次性碗筷的倡议。"我们每个学生就像上学必须随身携带笔那样,在进饭堂时随身带上一把不锈钢勺。这样,包括节约资源、保护环境、卫生安全等一切问题都迎刃而解。只要所有的学校不提供方便碗筷,统一使用不锈钢餐具,这件事是很容易坚持下去的。我们的中小学生今天如果都养成了良好的保护环境和讲究卫生的习惯,未来的社会将受益无穷。"……

(资料来源:《楚天都市报》2007 年 10 月 12 日,第 15 版)

高一学生关心的怎么不只是学习,还有环保? 的确,正如王潇参观不少高中学校所看到的那样,大多数学校食堂使用的是一次性碗筷,可王潇没有熟视无睹,他用实际行为诠释的是高尚的道德!

1.1 道德的含义、作用、历史类型

1.1.1 什么是道德

在我国古籍中,最早是把"道"与"德"两个词分开使用的。"道"表示道路,以后引申为原则、规范规律、道理或学说等方面的含义。"德"字在《卜辞》中与"得"字相通。"道德"二字连用始于春秋战国时的《管子》、《庄子》、《荀子》诸书,荀况在《荀子·劝学篇》中说:"故学至乎礼而止矣,夫是之谓道德之极。"荀况不但将道与德连用,而且赋予了它确定的意义,即指人们在各种伦常关系中表现的道德境界、道德品质和调整这种关系的原则和规范。西方古代文化中,"道德"一词起源于拉丁语的"摩里斯"(Mores),意为风俗和习惯,引申其义,也有规则、规范、行为品质和善恶评价等含义。

究竟什么是道德? 可以从质和量两个方面来考察:从质的规定性来看,道德是在人类社会现实生活中,由经济关系所决定的,用善恶标准去评价,依靠社会舆论、传统习惯和内心信念来维持的一类社会现象。从量的规定性来看,道德是相当广泛的,有时指道德观念或道德意识,有时指道德品质,有时指道德教育、道德修养,有时指道德原则、道德规范。

1.1.2 道德的本质

道德这一社会现象,体现的是什么本质?

1)道德是一种社会意识形态,它由社会经济关系所决定

道德和其他社会意识形态一样,都是由一定社会的经济基础决定的,并为一定的社会经济基础服务。有什么样的经济关系,就必然会有什么样的道德意识和道德行为。原始社会,人们的经济关系是"以个人尚未成熟,尚未脱掉同其他人的自然血缘联系的脐带为基础"①的,所以,与之相适应的道德,便是同风俗习惯混为一体的纯朴道德。人类社会进入私有制社会以后,形成了不同阶级的阶级道德,而且,随着私有制的具体历史形态的改变,阶级道德也不断更换着它的

---

① 马克思恩格斯全集(第23卷)[M].北京:人民出版社,1965.

社会内容和阶级实质。当以生产资料公有制为基础的经济结构取代了以私有制为基础的阶级结构时,道德也随之发生根本变革,社会倡导"宁可无得,不可无德","当公仆,讲奉献","全心全意为人民服务"。旅游从业者也应以德为本,察客情、听客声、纳客意,先求此"德",再求彼"得"。

2)社会生产力和科学技术是道德发展的原始源泉

按照唯物主义历史观,社会上层建筑和社会意识形态是由生产关系决定的,生产关系是由生产力决定的。在这个意义上,生产力(包括科学技术)无疑是整个意识形态发展和变革的最原始的动因。但是生产力和科学技术水平不能成为判断社会道德状况的直接标准。生产力和科学技术水平,是人在对自然的认识、支配和改造自然方面所具有的能力及其所实现的程度。而一个社会的道德水平,表明的是这个社会的成员,在个人与他人的关系上所采取的态度和所达到的境界。

1.1.3　道德的结构

所谓道德的结构,简单地说,就是指道德的内部构成;具体地说,就是指道德作为在普遍依赖于社会经济条件基础上形成的系统,其内部各构成要素以及各要素之间的相互关系。道德结构包括道德意识、道德活动和道德关系。

1)道德意识

道德意识是道德结构的主要部分,是反映事物善恶的主观意识,既可表现为群体意识,又可表现为个体意识。道德意识主要由道德认识、道德情感、道德意志、道德信念、道德习惯组成。

道德认识是一切道德活动的基础。有什么样的道德认识,往往就会有什么样的道德活动。正义感、幸福感、荣誉感、良心感、义务感是积极的道德情感,是形成道德意识的关键。顽强的道德意志是克服外在障碍、履行道德义务、实现道德理想的中心环节和重要条件。而道德信念的有无决定着一个人道德上的成熟与否。道德习惯则是一切道德活动的结果。

2)道德活动

道德活动是人类特有的活动,是指一定道德意识调节人们思想和行为的过程。道德活动包括道德行为、道德选择、道德评价、道德教育、道德修养等方面。

(1)道德行为

所谓道德行为,是指在一定的道德意识支配下,由行为主体自觉选择而发生

的有利于或有害于他人或社会的行为。被迫的行为即使具有良好的后果,也不是道德行为。

（2）道德选择

道德选择,是指人们在一定道德意识的支配下,根据某种道德标准在不同的价值准则或善恶冲突之间所作的自觉自愿的选择。人们应当为自己的选择承担责任。

（3）道德评价

道德评价是指根据一定的道德标准和规范,通过社会舆论、内心信念、传统习惯及考核评比计分等方式,对他人或自己的职业道德行为进行善恶评价,表明褒贬态度的一种评判活动。只要有道德活动,就有道德评价。

（4）道德教育

道德教育是指教育者根据一定的道德原则和任务,对受教育者有计划、有目的、有组织地施加影响,使之养成教育者所期望的道德品质的过程。一种道德究竟在多大程度和何种范围内为人们所接受,取决于道德教育的好坏。

（5）道德修养

相对于道德教育而言,道德修养主要属于个人的一种道德活动,其实质是自觉地展开善恶道德观冲突的过程,是择其善者而为之,择其不善者而改之的过程。

3）道德关系

道德关系是道德结构中的一个特殊的组成部分,它主要包括 3 个方面。

（1）人与人的关系

一方面是个人同社会整体之间的关系,比如个人与职业集体、个人与民族、个人与国家等;另一方面是个人与个人之间的关系,比如个人与某同事的关系,师徒、朋友、邻居之间的关系,父子、母女、兄弟姐妹之间的关系等。

（2）人与自然的关系

人是自然界的产物,与自然界有着密不可分的关系。人在改造自然的活动中,不仅涉及现在的利益,而且还涉及人类的长远利益,特别是关系到子孙后代的生存问题以及整个人类的可持续发展问题,所以人与自然界的道德关系,归根结底是人与人的道德关系。

据科学家估计,到 21 世纪中叶,地球表面平均温度可能上升 1.5~4.5 ℃,全球变暖,非洲将是受影响最严重的地区。森林消失,沙漠扩大,美国、中美洲和东南亚会遭受旱灾。恶劣的天气可能增多,它将破坏城市,夺去生命。热带流行的疟疾和寄生虫病将向北方蔓延,并可能使欧洲也出现流行病。地中海地区由

于严重的缺水将出现半沙漠化,积雪在欧洲将全部消失,亚热带植被将北迁几千米,使农业生产失调。气候的变暖将会使南北极的高山冰川融化,而使海平面上升。海水的上涨将会带来灾难性后果:沿海城市被海水吞没,这将会使很多人无家可归,成为"生态难民"。地球变暖,会导致种种恶果。大气污染对全球气温的影响已严重影响到人类本身!

（3）人与自身的关系

人与自身的道德关系是人与人的道德关系的内化,人与人的道德关系是人与自身道德关系的延伸。

1.1.4 道德的作用

1）道德的认识作用

道德能够运用善恶、荣辱、义务、良心等范畴反映人类的道德实践活动和道德关系。

2）道德的调节作用

道德具有通过评价方式来指导和纠正人们的行为和实际活动,以协调人际关系、维护社会秩序的作用。

比如,一名大学生在公共汽车上主动让座给老人,这反映出他"尊老爱幼"的品质,同时,也协调了他与老人的关系。

3）道德的教育和激励作用

任何人的道德信念和道德品质都不是天生的,道德是社会教育和自我教育的重要手段。道德还具有激发人们的内在积极性和主动性,促进人们自我肯定、自我发展,使社会关系进一步人道化的作用。

1.1.5 道德的历史类型

在社会发展的不同历史阶段和历史条件下,相继出现过不同的道德类型,主要有原始社会的道德、奴隶社会的道德、封建社会的道德、资本主义社会的道德和社会主义社会的道德。

1）原始社会的道德

原始社会的道德是人类道德发展的开端。其主要内容有:维护氏族、部落的利益;共同劳动,团结互助;维护氏族内部的自由与平等。原始人推崇勇敢、刚

强、正直、热爱劳动等道德品质。原始社会的道德具有纯朴性和野蛮性并存、直观性与狭隘性并存、自发性与外在性并存的特征。达尔文在《一个自然科学家在贝格尔舰上的环球旅行记》中说,南美洲火地岛上的土人,在冬天缺乏食物时,先吃掉老年妇女,然后才吃狗,理由是"狗可以捕水獭,而老太婆却不能。"

2)奴隶社会的道德

奴隶社会是人类历史上的第一个阶级社会。奴隶主阶级的道德占统治地位,其内容有:维护奴隶对奴隶主的绝对服从和人身依附关系;鄙视劳动和劳动者;男尊女卑,男主女从。我国周孝王时,一个奴隶仅值5铢钱46文。孔子曰:"唯女子与小人难养也。"

3)封建社会的道德

封建社会占统治地位的道德是地主阶级的道德,其主要内容有:维护封建等级宗法制度;提倡忠、孝;男尊女卑;轻视体力劳动,轻视体力劳动者;对妇女提出"三从"、"四德",倡导"万般皆下品,唯有读书高"。

4)资本主义社会的道德

资本主义社会的道德有如下内容:个人主义与利己主义盛行;资产阶级的自由、平等、博爱;拜金主义、金钱万能。资产阶级的道德作为对封建道德的变革和发展,在历史上曾起过积极的作用,但资本主义的高速发展,给人类带来了更多的道德问题,由于精神空虚引发了诸如精神病、家庭解体甚至犯罪、吸毒等一系列社会问题,因此,它一定会被一种新道德所取代。这种新道德就是社会主义道德。

1.2　社会主义道德

社会主义道德体系以为人民服务为核心,以集体主义为基本原则,以"五爱"为基本道德要求。其道德规范包括基本道德规范、社会公德规范、爱情婚姻家庭道德规范、职业道德规范。

1.2.1　社会主义社会的基本道德规范

《公民道德建设实施纲要》提出:"在全社会大力倡导'爱国守法、明礼诚信、团结友善、勤俭自强、敬业奉献'的基本道德规范。"

1）爱国守法

爱国守法,指的是爱国主义与遵纪守法。爱祖国,是一个古老而永恒的话题,是千百年来培养起来的对自己祖国的一种最深厚的感情。"以热爱祖国为荣,以危害祖国为耻"体现的正是爱国主义。

没有规矩,不成方圆。遵纪守法,就是要求遵守所属组织的纪律和社会主义法律。法律具有强制性,纪律也有一定的强制性。

《楚天都市报》(2007 年 10 月 17 日)报道:在离新《劳动合同法》实施不到 3个月的时间,许多企业为减少违法用工的成本,纷纷梳理内部劳动关系,并对照新法补签劳动合同。"不签劳动合同得付双倍工资",这一条款最引人关注……

2）明礼诚信

明礼诚信,指的是文明礼貌和诚实守信。倡导文明的礼节、礼貌、礼仪,是建设社会主义道德文明的一个重要内容和任务。"您好,欢迎乘坐××公司的出租车……""请带好随身物品,再见……"在武汉打的,乘客上下车时,出租车计价器传出的语音问候让人感到温馨。而与其相比,不少的哥、的姐显得十分冷漠。武汉的的哥、的姐,直爽、热心快肠、一身正气,如果在待人接物上,再多一份热情与微笑,其形象将会更加完美。

诚实守信要求人们忠诚老实、有信无欺、表里如一、言行一致。孔子曰:"人而无信,不知其可也。"诚信是做人立德的根基,是人格塑造的起点。

美国科学家富兰克林在《给一个年轻商人的忠告》中讲到:"切记,信用就是金钱。"前世界银行首席经济学家斯蒂格里茨也认为:"在市场经济运行中,资源配置并非完全取决于价格因素,有时更多地取决于企业信誉。"诚信是一个道德问题,也是一个经济问题,是一种不可或缺的社会资本。

3）团结友善

当今社会分工越来越细,但彼此间又是一个有机联系的整体。每一种工作都与其他工作紧密地联系在一起,任何工作离开了他人的配合与协作都无法正常运转。"团结就是力量"。"天时不如地利,地利不如人和",友善是良好的人际关系的纽带。

4）勤俭自强

勤俭自强 ,指的是勤劳节俭和自主自强。提倡勤俭,并不是反对提高生活水平,也不是要求人们都去做不食人间烟火的"苦行僧",而是反对奢侈享乐之风。社会主义市场经济,呼唤自主自强的精神。

5）敬业奉献

敬业奉献，指的是爱岗敬业和奉献社会，即安心本职工作，热爱本职工作，对本职工作一丝不苟和愿为本职工作奉献青春和才华。

"五心"劳模陶嫡敏是一名普普通通的饭店员工，然而，她用饱蘸真诚之笔，在这平凡的岗位上写出不平凡的业绩，刚刚荣获"国际五星钻石奖"。"五心"是对她的事迹的最好归纳：她用心，无论在哪个岗位都是最优秀的；她专心，面对诱惑的岗位心静不动；她细心，用细微之举感动客人；她耐心，用真诚赢得服务对象的信赖；她倾心，用爱对待每一位客人。她在南苑饭店工作8年，从饭店餐厅服务员，到领班，到大堂副理，再到现在的客户服务部销售主管，在每一个岗位，她都是佼佼者。

（资料来源：《中国旅游报》，2007年6月4日，第14版）

1.2.2　社会公德

社会公德是全体公民在社会交往和公共生活中应该遵循的行为准则。它具有共同性、稳定性、简易性的特点。根据《公民道德建设实施纲要》，社会公德的主要内容有以下几点：

1）文明礼貌

文明礼貌不仅反映着一个人的文化素质和道德品质，而且反映着一个国家的社会面貌和民族素质。

2002年2月1日的《中国旅游报》刊登了一篇名为"访泰游客请自重"的文章，大意是说泰国旅游景点打出"不许吐痰"、"不许乱丢东西"等内容的中文警示牌，引起了极大的关注。该文作者认为访泰游客该自重。"据中国国际旅行社综合处的张处长介绍，这些警示牌的出现并不是空穴来风，它是专门针对中国游客的不良行为设置的。据他所知，尽管在出国前旅行社再三重申相关注意事项，中国游客在泰国仍然有许多不良行为，主要表现在：吃自助餐时，不根据饭量拿取食物，往往多拿，结果吃不了扔掉，造成浪费；在就餐时大声喧哗，毫无顾忌他人的感觉；在酒店大声喧哗，各房间之间来回乱串，以至于被习惯性地认为，在酒店里发出较大声音的人群肯定是中国团；在景点随地吐痰，乱扔纸屑、烟头、胶卷盒等。"

2）助人为乐

助人为乐，就是在社会生活中，能把别人的困难当成自己的困难，乐于为别

人排忧解难;同时,对别人的错误能及时指出,善意帮助。它不是"哥们义气","哥们义气"不讲原则,对社会的危害极大。

3)爱护公物

在现实生活中,对待公共财物的态度,实质上反映了一个人道德水平的高低。公共场所的建筑物、古代文物、花草树木、娱乐设施、交通工具、书画展品等,都是国家和集体的财产,要加以爱护。

4)保护环境

保护环境要求讲究卫生,要自觉地维护学校、公园、街道等一切工作场所、学习场所以及公共场所的卫生。随着现代科技突飞猛进的发展而向人们提出的新的社会公德要求是要维护生态平衡、减少环境污染、节约资源。

旅游业原来被认为是一项"无烟工业",不像其他产业那样对环境造成污染。然而,回顾旅游业的发展进程,旅游对环境带来的危害已远远超出当初人们认识的范围,旅游资源的保护、环境的保护已迫在眉睫。

5)遵纪守法

遵纪守法是每个公民的起码要求。作为旅游工作者,就是指每个从业人员都要遵守与旅游职业纪律、旅游职业活动有关的法律、法规、规章制度。其内容既有法律规定的有关纪律、制度,如《涉外人员工作守则》,又包括行业本身的规章制度、规程和奖惩措施,如《中国旅游饭店行业规范》、2007 年 10 月 11 日发布试行的《中国饭店行业服务礼仪规范(试行)》、员工守则、公约、服务规程、岗位责任制、聘任合同、奖惩细则、服务质量要求等。

在社会公德的规范中,文明礼貌是社会公共生活的基础性规范,助人为乐是社会主义公民的应有品质,爱护公物是社会主义道德的重要内容,保护环境是社会可持续发展的内在要求,遵纪守法是社会存在和发展的前提条件。每一个社会成员都应该以实际行动做到"从我做起"、"从现在做起",自觉遵守社会公德。

1.2.3　爱情、婚姻、家庭道德

爱情是婚姻的基础,婚姻是家庭的前提,家庭是社会的细胞。

1)爱情生活中的道德要求

(1)爱情的特征

爱情就是男女双方基于一定的客观物质基础和共同生活理想,在各自内心形成的最真挚的倾慕,并渴望对方成为自己终身伴侣的最强烈而专一的感情。

爱情具有自主性与对等性、专一性与排他性、道德性与义务性的特征。

（2）爱情生活中的道德要求

①在恋爱对象的选择上，要坚持"两个标准"和"两个反对"。

坚持情投意合与志同道合。选择对象的条件是多方面的，但必须有一个是放在首位的，这就是志同道合——双方理想一致、志向相同，互相勉励、互相促进，学习、工作上相互帮助。择偶还应注意双方性情是否融洽。个性是否合得来，兴趣是否能激起共鸣。

反对以貌取人与以钱取人。经济状况的好坏虽然对婚后的家庭生活有一定的影响，但绝不是决定条件。爱美是人的天性，但容貌美只是美的一部分，真正的美不在容貌，而在于心灵的纯洁、品德的高尚和思想的进步。

②在爱情生活中，要遵守社会主义爱情道德的基本要求。

首先，要处理好爱情与事业的关系。没有爱情的人生是不圆满的，但没有事业的人生同样是不圆满的。谈恋爱时，不能把爱情看得高于一切、重于一切，把工作和学习置于脑后，要反对爱情至上主义。

其次，要忠贞专一，反对见异思迁。以"自由恋爱"为幌子，把"自由恋爱"曲解为自由地移情别恋，乱搞男女关系，是违反社会主义道德的，是道德败坏、思想堕落的表现。

再次，要文明理智，反对不负责。热恋中的情人，举止要文明端庄、不能随心所欲，有伤社会风化。男女双方要理智控制自己的情感，做到自尊、自爱，这既是对自己负责，又是对对方负责。

2）婚姻家庭道德

（1）婚姻、家庭及其职能

婚姻是指男女两性自愿结合并为一定社会制度所确认的社会关系。家庭是指以婚姻关系为基础、血缘关系或领养关系为纽带的社会关系的组织形式。

家庭在社会生活中有极重要的作用，担负多种职能。首先是生育子女，增殖人口。这是每个家庭最本质、最基本的职能。其次是劳动创造、参与消费。家庭还有着养育子女和赡养老人的功能。

（2）社会主义社会的婚姻和家庭道德要求

①尊老爱幼。父母抚养和教育好子女是法律责任。在我国现阶段，计划生育、优生优育是基本国策。父母之爱是人间永恒而无私的爱，这种爱本身就是一种巨大教育力量，对孩子的健康成长有着极为重要的作用。但是，这种爱应该是理智的、富有道德精神的，切不可流于溺爱和偏爱。父母要以自己的道德人格感染子女，又要以社会发展的要求来教育子女，更要以健康的心态和科学的方法引

导子女。那些望子成龙心切,拔苗助长的教育,往往会适得其反。媒体曾报导过"13岁少年挥刀杀向亲生母亲",是暴力教育让孩子产生了如此大的仇恨;"亲手勒死同班同学",也仅仅因为一道题而起争议……这些血淋淋的事实,确实该引起家长、学校、社会的广泛重视。

子女也有对父母赡养孝敬的义务,敬老养老要做到以下几点:赡养要始终如一,尊敬要发自内心;尊重父母的人格和生活习惯;主动和父母沟通思想,交流情感;主动关心老人的身体健康,想方设法使其安度晚年;正确对待父母的缺点、错误、固执和唠叨;尊重单身父母重新嫁娶的权利。

②男女平等。在婚姻关系和家庭生活的各个方面,男性和女性都享有平等的权利。男女双方都应该珍惜和发展夫妻之间的深厚感情,要相互尊重对方的人格和尊严,互敬互爱、互信互勉、互助互让、互谅互慰。"妻管严"、"大男子主义"都是男女不平等的表现。任何家庭在对待孩子的问题上,也应彻底抛弃"重男轻女"的封建思想,树立"生男生女都一样"的健康观念。

③夫妻和睦。夫妻关系是家庭产生的前提,夫妻关系的好坏直接影响家庭氛围。夫妻关系紧张除了伤害双方自身之外,还会直接给孩子造成不利影响:无暇顾及孩子的照顾与教育,更有甚者,将对对方的怨恨迁怒于孩子,给孩子的心灵蒙上阴影。信任是夫妻关系和睦的关键,彼此猜疑、疑神疑鬼,往往导致感情危机。而要做到让对方信任,夫妻双方首先必须洁身自好,正确理解"婚姻自由"的含义。

④勤俭持家。要求热爱劳动、克勤克俭,合理安排家庭生活,保持全家生活幸福、兴旺发达。一个善于当家理财的人,会量入为出,计划开支,即使收入不高,也能把日子过得圆圆满满。如果家庭中有人贪图享受,爱慕虚荣,盲目追求高消费,或者沉迷于打牌赌博,那么,家庭生活就会受到影响,甚至造成夫妻反目、家庭解体。

⑤邻里团结。"远亲不如近邻",邻居之间,"低头不见抬头见",如果能够友好往来,互相帮助,彼此礼让,就能建立起"不是亲人,胜似亲人"的邻里关系。遗憾的是,许多城市家庭"鸡犬之声相闻,老死不相往来"。或者邻里之间不能互相包容与谦让,稍有矛盾,就争吵不休,邻里关系十分紧张。

在家庭美德规范中,尊老爱幼是中华民族的优良传统,男女平等是社会主义家庭道德的主要特征,夫妻和睦是家庭稳定、幸福的基础,勤俭持家是家庭建设的重要规范,邻里团结是社会主义社会人际关系的具体要求。

1.2.4 职业道德

社会主义职业道德的基本内容,是社会主义各种职业共同的、必须遵守的道德规范。

1)爱岗敬业

"爱岗敬业"是职业道德的第一要义,是对职业工作者最普遍、最基本的道德要求。尤其在工作繁忙、劳动强度大的时候,更能体现出从业人员这方面的道德水平。

一辆进口豪华面包车在华北某一刚被评为三星级的新饭店门前停下。车上50余位德国客人鱼贯而下。大堂里接待员、行李员、保安员互相配合,客人很快被一一安排进了房间。

20分钟后,大堂副理接到612房一位老太太打来的电话,投诉说洗手间马桶水箱里没水。大堂副理作出修理安排后又立即与客房部联系,了解该房情况,后查明此系一领班的责任——把非OK房报成了OK房。

这支德国团早在两周前就在该饭店预订了房间,前厅部在前一天已作过安排。612房原住着一对西班牙夫妇,中午前办了离店手续。早上服务员清扫过房间后,领班也按程序检查过了,但他未发现抽水马桶水箱无水的问题,便报告说这间走客房一切正常。中午客人走后,前厅部又一次通知客房部,证实612房确为走客房,要求再检查一遍,岂知领班又把水箱给疏忽了。领班再次查房均未发现洗手间的问题,最后导致客人投诉。事后,大堂副理赶到612房,再次郑重向德国老太太致歉,同时要求客房部按程序再检查一遍所有客房,并把该事情写进当天的大事记录本中。

(资料来源:范运铭编.客房服务与管理案例分析[M].北京:旅游教育出版社,2000.)

上例中的领班就是因工作繁忙而疏忽大意最终导致客人投诉。

2)诚实守信

诚信是市场经济的基石。诚信作为一种社会资本,贯穿于市场经济的始终,提高其他生产要素组合过程的效率,在整个市场经济中发挥基础性作用。"著名经济学家阿罗(Arrow)曾断言:'每个商业交易中都包含诚信因素,世界上大多数的经济衰退都可以解释为缺乏相互信任。'"(摘自《中国旅游报》2007年3月19日,第4版)

3）办事公道

公道,即公平合理。在买卖过程中要求价格合理,赚取利润合法、合理,并自觉维护消费者的权益;国家工作人员在执行公务过程中,应一视同仁,公平对待。

4）服务群众

在社会主义的大家庭中,无论从事哪种职业,都是为社会服务。各种职业、各种岗位之间都是"互相协作、互相服务"。比如,一个医生恪守医德,为病人解除痛苦,为社会尽义务,而当他走进饭店进餐、乘飞机去旅行时,他又成为别人的服务对象。"己所不欲,勿施于人",同时,对那些不关心群众疾苦、损害群众利益、败坏职业道德的不正之风,应坚决予以批评和抵制。

5）奉献社会

人的价值具有二重性,具体表现为个人的社会价值与自我价值。人的社会价值的大小,取决于个人对社会所作奉献的多少;人的自我价值是指在社会生活和社会活动中,社会对个人和自己对自己作为人的存在的一种肯定。一个完全脱离社会,不为社会作任何奉献,一味强调社会、他人对自己尊重,强调个人需要的满足,是不合理的,也是不能实现的。

在职业道德规范中,爱岗敬业是社会主义主人翁精神的表现,诚实守信是职业生活的基本规范,办事公道是职业行为的重要内容,服务群众是社会主义道德的重要内容,奉献社会是人身价值的具体体现。

春风化雨,润物无声。树立新时期的道德观,还必须使"八荣八耻"的荣辱观深入内心,融化到自己的行动中。

1.3　信息时代的道德发展

道德本身具有历史性的特点,信息时代也必然形成新型的信息社会道德范畴。

1.3.1　网络社会——信息时代新型道德的平台

随着信息技术的飞速发展,一种崭新的社会形式——网络社会正向我们走来。网络社会是一种信息社会,信息的价值取决于人们对信息的有效选择和利用程度,要依靠人类的智慧和理性,尤其是道德。网络社会也是一个与现实社会

相对应的虚拟社会,是对现实社会的延伸与发展,是人类的第二个生存空间,它的出现是有史以来人类生存方式的一次最巨大的变革。

1)社会交往方式与道德关系的变化

人的本质在于社会交往和社会关系,社会交往的基本特征之一是信息交流,信息交流方式的变化实际是人类生存方式的变化。当信息交流手段和方式发生变化时,势必改变和影响人类的生产和生活方式。道德关系的变化是一定社会经济基础和社会生活变化的反映。当人们的交往方式和交往的物质手段发生变化时,伴随而来的将是道德关系的变化。

在传统社会,主要资源是物质,由于曾长期处于一种发展比较缓慢、自给自足、相对封闭的状态之中,加上地理距离与交通工具的限制,交往范围是有限的,主要交往形式多为面对面的直接交往,交往受时空及主体社会地位、社会身份、经济利益、性别、年龄、职业等因素的制约,自由度小,个性发展是压抑、有限的。传统社会人们之间的交往面狭窄,交往内容相对贫乏,社会矛盾冲突也相对地集中在一定地域或某些领域范围内,调节人与人之间关系的道德需要、道德意识也就相对狭窄、淡薄。

在网络社会,主要资源是信息,互联网的信息传播方式是全球性、超地域性的,交往活动不受物理时空的限制。网络社会是一种普遍交往的社会,主要交往形式为数字化交往,交往几乎不受主体社会地位、社会身份、经济利益、性别、年龄、职业等制约,自由度大,个性发展自由、充分。网络交往面急剧扩大,交往内容日益丰富,再加上交往方式的特殊性,使得人们的社会关系,包括道德关系日益丰富复杂。在网络社会中,新的社会交往方式必然引起道德关系的变化,产生新型的道德关系。

2)网络社会——新型道德的平台

网络社会是一个以全球性、开放性为特征的高度自由、民主、平等的社会,为人们的情感和信息交流提供了前所未有的条件,它为人的个性发展和解放提供了肥沃的土壤,创造了前所未有的机遇。它具有以下特点:

(1)参与的随意性

网络社会是一种虚拟社会,是人的第二生存空间,其实质是一种文化生存方式。与现实社会不同的是,网络社会的形成是现实的人自觉自愿的参与过程。人们可以随时进入网络空间,参与其中,亦可以随时退出,回归现实。这完全取决于个人的意志,与现实的不可脱离性形成鲜明的对照。

(2)角色的不确定性

现实社会中人们的社会角色是特定的、不容更改的,任何个人进入社会都必

须承担相应的义务。而作为网络角色,其身份则具有极大的不确定性。参与者可虚拟其社会身份,暂时摆脱社会对其既定角色的束缚与要求。传统社会由于交往面狭窄,在一定意义上是一个"熟人社会",交往对象大都是熟识的人如同事、邻居、朋友、亲戚等。依靠熟人以及包括新闻机关、执法机关等在内的单位的监督,慑于社会舆论、利益机制、法律制裁等道德他律手段的强大力量,传统道德是能得到比较好的维护的。可是,由于互联网的种种特点,类似于传统社会中道德他律的种种外力,在网络社会中却在一定程度上失去了作用,网络社会形成了一个相对自由的时空。

(3)交往的虚幻性

网络交往突破了现实社会的制约,可以进行跨国界、跨时空的交往,而这在现实中是不可能直接进行的。借助网络的人际交往以字符为中介,人与人之间面对面的直接交往机会大为减少,从而限制和改变着人们的传统交往方式和情感交流方式,也使得人际关系呈现出面具性特点。同时网络中信息的真实可靠性受到怀疑,这就使网络交往呈现出虚幻的一面。此外,由于技术等各种条件制约,也使网络交往的责任具有不可追踪性,网络义务具有可逃避性。而且从信息传播的方式看,网络行为具有数字化、虚拟化、隐匿性、自由性和开放性的特点,在网络社会中,人与人的交往成了符号与符号的交换,真正的人退到了终端之后,彼此不再熟悉,因而很难对网络公民的行为加以确认、监管。

1.3.2 网络社会发展带来的道德问题

网络社会不是一块净土,从网络社会所发生的种种现象看,网络给人们带来的负面影响是不容忽视的。

1)道德意识方面——道德虚无主义盛行

因为互联网是由世界上许多国家的很多局域网所构成的,它既没有中心,也没有明确的国界或地区界限。作为一个自发的信息网络,它没有所有者,它不从属于任何人、任何机构甚至任何国家。这个崭新的信息世界是一个由符号所组成的虚拟社会,是一个数字化的空间,存在着无中心、无边界、无终极目标的特点,为道德虚无主义的思想意识提供了滋生的土壤。在这里,任何人可以按照他自己的原则说任何话,做任何事,一个人不需要承担自己的义务和责任,甚至可以滥用自由的权利。

2)道德规范方面——对传统的道德规范形成冲击,其约束力减弱

在虚拟的网络空间中,在符号的面具下,人们可能掩饰自己的真实身份,他

们的行为因为可以摆脱熟人社会的监督,而表现出对他人不负责任、为所欲为。加之网络连接面广泛,传输速度快,搜集、处理信息效率高,人们的活动受时间、空间的约束大大缩小,建立在真实空间中的伦理道德规范很难完全适应网络空间的新环境,在现实空间中一直存在的用以消除伦理道德失范现象和维护伦理道德秩序的管理、监督、约束、制裁等种种道德、法律手段,以及现实社会中那种分地域设卡、设点管辖、控制的管理方式在网络空间中不能充分发挥作用。例如,在网络上对用户调阅、接受或发布、传播文字、声音或图像信息,包括禁止的不健康信息之类,就并不容易加以控制。由于互联网缺少规范和监督,人们难以形成类似于传统社会中那种受制于外部规范的"他律道德"。这样网上的人是否遵从道德规范,不易察觉和监督,因此在网上道德规范的约束力减弱。

3）道德行为方面——出现大量不规范行为

由于网络空间具有极大的虚拟性,人们在网络空间中可以按自己的意志在网上天马行空。此时伦理道德对人们的约束只能依赖于内心的道德信念,而外在的社会舆论和传统习俗的制约能力越来越小,再加上网络法规制定相对滞后,以及网络环境的特殊性将会导致人们的主观价值标准模糊和自主意识降低,自律道德弱化,并因此而造成网络道德失范。主要表现在以下方面:

（1）网络犯罪

由于立法滞后和互联网自身安全性差的弱点,互联网成为犯罪分子开拓的新领域,网络犯罪由此产生,网络上时常会非法潜入一些"黑客"进行破坏,并有愈演愈烈之势。常见的网络犯罪有网上盗窃、诈骗,电脑病毒的制作和传播、盗版等。网络犯罪率正呈逐年上升趋势,网络犯罪已成为一大社会公害,是最严重的破坏网络环境的行为。

（2）网络信息污染

这不仅有碍网络环境的纯洁,对人们的生活和青少年的成长构成威胁,而且这些有害、虚假信息占用大量宝贵的网络资源,大大降低了网络运行的效率。

4）道德空间方面——电子空间与物理空间交错

人生活在一个现实的社会中,同样不可避免地也要生活于网络社会之中。这两种社会相互联系,相互依存。网络社会不能脱离现实社会而单独存在,而现实社会正越来越依赖于网络社会。网络的虚拟性就是把人的实践活动转移到以网络为基础的电子空间。网络信息使真实世界与虚拟世界的界限模糊了,把实体的现实与创造的现实连接起来,形成了虚拟社会中人与人之间交往所特有的规则和交往方式,从而改变了人的认识方式。

当人们进入网络虚拟环境的时候,会把技术创造出来的不真实或者假的东西作为"真实"的东西来体验。同时由于这种虚拟的空间又是与现实空间相联系的,因此,凡是人们在现实空间中所遇到的各种伦理道德问题,都不可避免地会存在于互联网这种虚拟空间中,并且往往会由于网络空间的虚拟性得到放大。而且,由于人们脱离了现实社会中的种种制约,往往会表现出最原始的人性的一面。人们可以依照自己的意志自由行事,遇到不合心意的时候,可以在网上得到发泄,使自己的意志得以完整的体现,满足心理需求。这使得人们对网络形成一种依赖心理,并把在网络上得到的一些体验带到现实社会中,在真实社会生活中也会要求一切以其意志为转移。由于网络和现实之间存在巨大的差异,必然会给主体造成挫折感,容易产生针对社会或针对自身的攻击性行为,给社会生活造成危害。

5)道德传统方面——面对文化与理念的入侵

把全世界连为一体的网络,一方面给各个国家和民族的文化发展带来了难得的机遇,不同民族的文化通过网上互相交流和渗透,可以不断吸取精粹,剔除糟粕,从而变得更加繁荣;但另一方面也使经济和科技发展水平落后的国家和民族文化受到了前所未有的冲击,发端于西方的互联网为西方文化的传播增添了翅膀,当年西方传教士传播西方文明所进行的艰苦跋涉,如今变成了直抵桌面的计算机网络,某些敌视社会主义文化的西方国家正在利用网络加紧其文化渗透。由于互联网的控制权掌握在西方发达国家手里,他们自然要把自己的文化作为互联网上的主导文化,通过网络向其他国家进行传播。著名未来学家阿尔温·托夫勒有句名言"谁掌握了信息,谁控制了网络,谁就将拥有整个世界"。据调查,网上90%以上的信息都是英文信息,全球网民赖以生存的13台顶级域名服务器中,有10台部署在美国。在网络信息中,80%以上的网上信息和95%以上的服务信息都是由美国提供的,而我国在整个网络的信息输入和信息输出中,仅占0.1%和0.05%。在网络发展过程中,美国人就曾提出要按一个国家控制网络空间的程度和方式,来解决网络社会的道德、法律问题。可见,在网络迅速扩大各国文化相互影响的同时,对于以信息接受为主的非英语国家来说,又面临着美国主导的西方文化对本国文化的冲击。当网络把西方发达国家的文化精神带入千家万户的时候,西方社会的生活方式、交往方式、道德观、价值观等也被无意识地模仿,而长期对同一文化理念的接受,又会使网民产生一种亲近感、信任感,最后认同、依赖于这种文化,与此同时对自己民族的自尊心、自豪感产生动摇,使一些人的世界观、人生观、价值观发生扭曲和错位。

1.3.3 信息时代道德的特点与趋势

网络社会生活是一种特殊的社会生活,正是它的特殊性决定了网络社会生活中的道德具有不同于现实社会生活中的道德的新的特点与发展趋势。

1）从依赖走向自主

如果说传统社会的道德主要是一种依赖型道德,那么随着网络社会的到来,人们建立起来的应该是一种自主型的新道德。在传统社会中,人们的活动、行为受经济状况、技术条件、自身能力等的制约,常常是较被动的,比较不自主的。社会普遍性的道德规范常常是自上而下地制定的,它并不一定反映了每一位公民真实的道德需要。人们的道德行为是按照他人、社会的道德要求、道德规范去想、去做,是一种被动依赖性的行为。而且片面强调社会需要而很少考虑人的主体需要,是一种限制、压抑和片面强调服从的道德,人们并没有成为真正意义上的道德主体。

现代信息技术的发展极大地促进了文化、知识、信息的传播,提高着广大群众的素质与能力,不断地促进着群众的民主意识、道德需要、价值要求的觉醒。在这里,每一个人都既是参与者,又是组织者,人们自己为自己做主,自己管理自己。所以网络社会的道德规范不是根据权威的意愿建立起来的,而是人们自发自觉的行为的结果。同时与现实社会相比,网络社会的虚拟性和“非熟人”社会的道德环境,网络中难以监督和控制的现实条件,使得法律、道德往往难以收效。为使网络能正常运行,也为使网络能有助于人的发展,驱使着人们去自己管理自己,成为网络的主人。这种从被管理者到管理者,从被动观众到交互式的参与者的显著变化,必将有助于人们的道德行为发生从被动到互动、从依赖到自主的变化。自主性道德是网络社会道德的鲜明特征,人们进行道德判断和行为选择时,主要是受自己主观的价值标准支配,而不是外部的规范。其道德判断具有主观性,是道德发展水平趋于成熟的主要标志。

2）从封闭走向开放

在传统社会,人们的交往受到了极大的限制。一方面,人们之间不能相互理解,另一方面,也缺乏相互交往的方式与手段。信息技术带来的传播方式的现代化,特别是互联网的全球化,使得地理距离被超越了,为人们提供了交往的有效方式和手段,将不同的宗教信仰、价值观念、风俗习惯和生活方式频繁而清晰地呈现在世人面前。与传统社会的道德相比,人们之间不同的道德意识、道德观念

和道德行为的冲突、碰撞和融合也就变得更为突出。这样,一方面可以使宗教信仰、价值观念、风俗习惯和生活方式不同的人们,增进相互之间的沟通和理解,从而更宽容、更通情达理;另一方面落后的、无聊的、非人性的和反社会的道德意识、道德规范和道德行为,与先进的、合理的、代表时代发展趋势的道德意识、道德规范和道德行为并存,它们之间的冲突、碰撞与融合也就表面化、尖锐化了。因此,互联网的全球化,将使道德的开放性由可能转化为现实。

3)从单一走向多元

在现实社会中,虽然道德因生产关系的多层次性而有不同的存在形式,但每一个特定社会却只能有一种道德居于主导地位,其他道德则只能处于从属的、被支配的地位,因此现实社会的道德是单一的、一元的。与传统社会的道德相比,网络社会的道德呈现出一种多元化、多层次化的特点与发展趋势。这是因为网络社会更多地具有自主性,它是网络成员自主自愿互联而成的。除了为此必须遵守的共同的道德之外,他们不需要也不强求具有类似于现实社会中的那种统一的道德。于是在网络社会,既存在涉及每一个成员的切身利益和网络社会的正常秩序、属于网络社会共同性的主导道德规范,如不应该制作和传送不健康的信息,禁止非法闯入加密系统等,也存在各网络成员自身所特有的多元化道德规范,如各个国家、民族、地区的独特道德风俗习惯等。也就是说,只要其网络行为不违背网络社会的主导道德,他们并不需要改变自己原有的道德意识、道德观念和道德行为,他们仍然可以按照他们自己的道德从事网络行为、进入网络生活。但同时,网络社会中双重或多元价值标准并存的局面,使政府、学校甚至社会传统一直灌输的道德观念仅仅成为人们众多道德选择中的一种,而社会道德的主要规范一直所起的支配性作用则可能消失,由此而来造成的道德评价失范、道德相对主义最终必然导致一些人道德选择迷惘和价值取向紊乱。

本章小结

本章在阐明道德的含义、本质、历史类型的基础上,重点阐述了社会主义道德体系的各种规范:基本道德规范——爱国守法、明礼诚信、团结友善、勤俭自强、敬业奉献;社会公德规范——文明礼貌、助人为乐、爱护公物、保护环境、遵纪守法;婚姻、家庭道德规范——尊老爱幼、男女平等、夫妻和睦、勤俭持家、邻里团结;职业道德规范——爱岗敬业、诚实守信、办事公道、服务群众、奉献社会。对于信息时代道德的新问题、新特点更是作了详细分析。

相关链接

"80后"婚姻生活的四大特征

1）新性别分工

通常夫妻是有模式化的固定分工的,而新性别分工的不同在于它是高度动态型的。比如两个独生子女都不会做饭,他们可以选择麦当劳,叫外卖,也可以请个小时工。两人分工干点什么事,临时就可能形成一种性别分工。

2）感情变化周期缩短

从有爱情到没有爱情,从有感觉到没感觉,其感情严肃化的程度降低了。对于80后夫妻来说,客观上社交开放性高,感情受到外界影响的可能性也更大。其结果,他们对日常感情质量的要求更高了,婚姻"凑合"的概率会降低,从而突然"死亡"的可能性更大。

3）婚姻的娱乐性升高

婚姻不再是传统的过日子的概念,好玩与否成为一个评判标准,如果不好玩干什么结婚呢？在婚姻中好玩的人会受欢迎。比如男孩子搞个怪,女孩子发个嗲。因为他们一直是有选择的一代,或者说,选择丰富的一代。

4）心理两难

一方面他们有自主选择的空间,养成了高度自由选择的习惯,另一方面他们的心理负担超重。在他们结婚前,自由是主调,而结婚时,忧虑的权重就上升了。如果纯粹做一个心理游戏,他们可能倾向于不结婚或者推迟结婚。

(资料来源:《楚天都市报》2007年10月18日,第24版)

武汉一男大学生为拥有手机杀害女网友勒索巨款

刘国勇出生于1981年11月,湖北天门人,案发前就读于湖北某职业技术学院。2004年4月,刘国勇以网名"无泪之城"上网,与武汉另一所大学的女生小玲(化名)结识。两人相约网下,频频交往。可谁都不知,有着1.78米的个子、长得一表人才的刘国勇此时的心理变化。看到周围那么多同学手机经常换,电脑、数码相机应有尽有,而自己还要靠父母倾尽全力东筹西借供上学,心中常感焦虑。就在与小玲的交往过程中,刘国勇感觉对方家庭经济条件很好,便萌发杀人勒财的歹念。

2004年10月19日晚,刘国勇将小玲带到潜江市泽口镇汉南水闸一偏僻处,将她勒昏再拖入河中,将其溺毙,劫取了手机、银行卡等物。次日,刘国勇接到小

玲父母焦急打进的电话,告知对方"你女儿被绑架了",向小玲父母勒索40万元的赎金。接下来几天,他一直短信不断与小玲父母讨价还价,并谎称"绝对保证你女儿的安全"。当月24日晚,警方将正在学校宿舍继续用短信勒索小玲父母的刘国勇抓获。

（资料来源：http://news.sohu.com/20050522/n225657920.shtml）

案例分析

武汉男孩与"熊猫烧香"

2007年元月,仙桃市龙华山派出所民警在办理第二代身份证时,发现办理第二代身份证所用的计算机已中毒,即使杀了毒,随后也会恢复原貌。紧接着,该局部分办公计算机,也因中了"熊猫烧香"病毒而瘫痪。有关数据显示,自2006年12月以来,被"熊猫烧香"病毒感染中毒的电脑有50万台以上,数百万网民深受其害。《瑞星2006安全报告》将"熊猫烧香"列为十大病毒之首,《2006年度中国大陆地区电脑病毒疫情和互联网安全报告》的十大病毒排行中,该病毒一举成为"毒王"。

网监部门上网搜寻相关资料,对"熊猫烧香"计算机病毒进行分析、调查。结果发现,"熊猫烧香"病毒是一个感染型蠕虫病毒,能够感染系统中 exe,com,pif,src,html,asp 等文件,中止大量的反病毒软件和防火墙软件进程,并且会尝试读取特定网站上的下载文件列表,通过网页浏览、局域网共享及 U 盘等多种途径进行快速传播。另外,被感染的计算机,会出现蓝屏、频繁重启,以及系统硬盘中数据文件被破坏、GHO 文件被删除等现象。被感染的用户系统中所有的 exe 可执行文件,全部被改成熊猫举着三根香的模样。国家计算机病毒应急处理中心及网上相关信息显示:"熊猫烧香"计算机病毒程序中,都有"whboy"、"武汉男孩"的签名,且该病毒感染网页文件后,会在网页中加入一段代码,把网页转向特定网址。公安局网监部门将"武汉男孩"列为重大犯罪嫌疑人,开展针对性的调查。

2007年2月3日,公安部门在武汉将"武汉男孩"李俊抓获。李俊,男,25岁,武汉市新洲区阳逻镇人,对电脑比较精通。李俊交代,2006年9月,李俊在武汉某电脑学校学习软件开发时,就开始制作"熊猫烧香"病毒。11月,李俊将"熊猫烧香"病毒写完,通过 QQ 群发布出售"熊猫烧香"病毒的消息,先后在网上以每个病毒500~1000元的价格出售约20套。"熊猫烧香"病毒是将几种病毒合并在一起,演变成一种新病毒"肉鸡"来控制电脑,在电脑里制造木马程序,

盗窃他人电脑里的 QQ 号、游戏装备等,得手后变卖获利。除李俊为"熊猫烧香"病毒制作者外,还有其他 5 人为销售传播者,其目的就是好玩搞钱。其中,王磊是传播"熊猫烧香"病毒最多的一人,日平均进账 7 000 元以上,所得与李俊平分。

2007 年 9 月 24 日,湖北省仙桃市法院以破坏计算机信息系统罪对"熊猫烧香"案被告人李俊判处有期徒刑 4 年,对被告人王磊判处有期徒刑两年半,对被告人张顺判处有期徒刑两年,对被告人雷磊判处有期徒刑 1 年。四被告人当庭表达了他们深深的忏悔之意。办案检察官当庭呼吁大家要知法、学法、懂法、守法,以此为鉴,共同营造一个绿色网络空间,让我们共同拥有一个充满温馨、和谐的网络家园。

（资料来源:http://www.anhuilaw.com/Article/ShowArticle.asp? ArticleID = 7227）

分析:

我们借助于飞机可以享受飞行的自由和便捷,但我们应该知道,无论多么先进的飞行器和多么高超的驾驶技术,都有其应遵循的航线。网络世界是一个漫无边际的广阔空间,在其中遨游同样需要遵守起码的规范。李俊中专毕业后多次求职失败,自身价值未得到认可。由于缺乏道德的约束,更没有考虑到社会后果,在其报复心理、畸形的价值观的共同影响下,为了发泄不满,同时抱着赚钱的目的,李俊开始编写传播病毒。最终导致他走向犯罪,给社会造成重大危害。

如果在传统社会里,一个人因求职失败而发泄不满,即便再极端的方式,所产生的后果与"熊猫烧香"病毒的影响仍不可同日而语。信息时代的社会系统高度复杂化,这类复杂系统的每一个节点上,都可能由于个体行为的偏离而给整个系统带来风险,而且其后果也变得越来越难以控制。网络社会为人们提供了广阔的自由空间与平等的机会,现实生活中一些年轻人有一技之长,但又缺乏去展示自己能力的渠道,往往从这里去寻找自我实现的途径。如果这时再没有相应的道德约束,就有可能以异化的途径表现出来。所造成的危害不可预测、很难防范,且危及范围巨大。

参考:《楚天都市报》、《武汉晨报》、《羊城晚报》

http://it.people.com.cn/GB/42891/5397949.html

http://www.cnpsy.net/luntan/dispbbs.asp? boardid = 64&id = 2164

复习思考题

　1. 什么是道德?

　2. 社会主义社会的基本道德规范有哪些?

　3. 社会主义社会的社会公德、家庭道德、职业道德的主要内容分别是什么?

　4. 网络社会带来了哪些社会问题?

　5. 信息时代道德有哪些特点?

旅游职业道德的特点、作用、基本要求

【本章导读】

不同的职业有不同的职业道德,旅游行业有旅游职业道德。本章介绍旅游职业道德的形成、特点、作用和要求。

【关键词】

自觉性与实践性　多层次性　社会风气　热爱旅游事业　爱国主义

案例导入

导游工作要求我们处处要以国家利益为重。1996年,新疆阿勒泰地区发生了雪灾,联合国救援组织的人要考察灾情,我有幸被选中去当翻译。由于东西方文化的差异,当地政府为了感谢他们,在每天用餐时,总是安排丰富的膳食,客人对此不解,对我方的灾情程度产生了误会。我凭借着对东西方文化的了解和从事导游工作练就的应变能力,对客人说:"哈萨克族热情好客,即使家里再穷,也要用最好的东西招待客人。"使对方的误解及时消除,为当地争取了差点失去的300万吨粮食捐助款项。2001年,有位多次来华的游客,由于受到国外错误言论的误导,在新疆期间大肆发表歪曲新疆历史的言论,在团队中造成了不良的影响。我义正词严地当众给予了反驳,用大量事实阐述了正确的观点。当有理、有据、有力的反驳结束时,在场的专家教授们不由自主地热烈鼓掌。作为一名普通的维吾尔族导游,我以自己的实际行动维护了国家和民族的尊严。

(资料来源:《中国旅游报》2007年5月21日第14版)

这是来自中青旅新疆国际旅行社的导游买地尼亚提·海力力在全国旅游系统先进集体、劳动模范和先进工作者表彰大会上的发言,体现的是强烈的爱国主义精神,这正是导游人员的首要素质。

2.1 旅游职业道德的形成与发展

旅游业是旅游职业道德产生的基础,旅游职业道德是随着旅游业的发展变化而发展的。

2.1.1 旅游职业道德的形成与发展

旅游业产生的前提是人们的旅游活动。人类开展旅游活动的历史,可以追溯到部落的迁徙游牧、帝王将相的巡视狩猎、文人学士的观光游学、宗教信徒的朝圣取经等。现代旅游活动的内容则更加丰富,通常包括游览、观光、度假、疗养、体育、娱乐、考察、探亲、交友以及公务、商务、宗教事务等活动。开展旅游活动,能够扩大见闻,增长知识,调剂生活,陶冶性情,增进健康,推动政治、经济、文化和科技信息的交流,无论对个体还是社会的发展,都具有积极的意义。所以,旅游活动是人们普遍喜爱的一种社会活动。但是,在以往的历史条件下,旅游活动的广泛开展是不可能的,因而也不可能形成一种独立的旅游业。

旅游业的兴趣,是与群众性的旅游活动相联系的;而群众性旅游活动的开展,则是以现代文明为基础的。例如,随着国民经济的增长,劳动收入普遍有所提高,人们手中的"闲钱"也相应增多;随着现代科技突飞猛进的发展与广泛采用,交通距离缩短了,时空概念发生了变化,闲暇时间增多了;随着生活条件的改善,人们在物质和精神方面的需求更高了。而旅游活动则普遍被认为是追求生活享受和丰富精神生活的有效途径之一。这样,旅游活动不但为人们所喜爱,而且具有很大的开展可能性了。第二次世界大战以后,随着国际和平环境的来临,世界经济的日益繁荣和国际交往的不断扩大,旅游业迅速发展起来,成为世界上最大的产业。

人们在长期的旅游实践活动中概括、总结、提炼出了许多调节旅游活动中人与人之间关系的准则,如"顾客至上,服务第一"、"顾客是衣食父母"、"诚实无欺,信誉至上"、"微笑服务"等。这些规范就是旅游职业道德的基本要求。据预测,旅游业将是 21 世纪最充满竞争的行业,被誉为"朝阳产业"。为了保证旅游业的顺利发展,旅游职业道德必须注入新的内容。

2.1.2　社会主义旅游职业道德的形成与发展

社会主义旅游职业道德是在以新中国旅游业的发展为客观基础,同时批判地继承历史上各种职业道德的优良传统而形成和发展起来的。

在我国古代,旅游活动十分丰富活跃,如帝王巡游、士人漫游、商务旅行、宗教旅行等。与此同时,出现了反映旅游活动中人与人之间关系的道德意识、道德情感和道德规范,如"在家靠父母,出门靠朋友"、"与朋友交,言而有信"、"有朋自远方来,不亦乐乎"、"海内存知己,天涯若比邻"、"热情友好,礼貌待客"、"主随客便,宾至如归"等。同时讲究"招呼周到,主动推销;操作利索,生财有道"等规则。但是,由于受当时社会经济条件的限制,旅游服务没有形成独立的行业而是附属于商业,因而这些道德意识和规范也都从属于商业道德。

到了近代,特别是辛亥革命以后,中国逐渐由封闭走向开放,内外交往日益频繁,旅游业应运而生。1923年上海一位银行家创办了中国第一家旅行社。随后,北京、武汉、广州、南京、天津、沈阳等大城市也相继成立了旅行社,并且建有较豪华的大饭店、大酒楼、餐厅、酒吧、舞厅等,并形成了一套相当完整的服务手段和接待方式,如为客人代购车、船票,代订旅馆床位,组织短程包团游览,为留学生和出国人员代办出境手续,提供各种旅游信息和旅行指导等咨询服务。他们还学习了西方的服务方式,对西餐的服务规程和制作技术都相当了解,服务人员还能使用几种外语来服务。当时各旅行社的经营宗旨是"导客以应办之事,助人以必需之便"。这实际上就明确了当时旅游接待工作中服务人员应遵循的行为准则。

我国的社会主义旅游业是在新中国成立后开始建立起来的。当时,各地旅行社、饭店和车队都遵循这样的经营原则:为我国的外事总方针服务,讲究政治效果,取费低廉,服务周到。当时旅游业的工作方针是:宣传自己,了解别人,促进交往,发展友谊,争做朋友。在接待方面要做到:热情友好,不卑不亢;积极宣传,扩大影响;细致周到,内外有别。在宣传方面要做到:实事求是,不强加于人,求同存异。对外事接待人员的要求是:政治素质过硬、外语过关、业务过硬;要起到导游员、宣传员、联络员、保卫员的作用。这些方针和原则在实践中收到很好的效果,为我国现代旅游职业道德的形成打下了基础。但是,从总体上看,当时我国的旅游业以政治接待任务为主,作为经济行业的职能还不健全,所以,在职业道德规范方面也不够全面。正当世界旅游业以前所未有的速度飞速发展的时候,我国刚刚起步的旅游业又经历了"文化大革命",旅游接待工作处于瘫痪状态,道德规范也遭到了歪曲和破坏。党的十一届三中全会以后,我国的旅游业出现了新的生机与活力。尤其是"对内搞活,对外开放"政策的贯彻,使我国年轻的旅游业飞速发展起来。旅游业从单纯的政治接待、友好往来发展为经济事业,从不计成本、只讲政治影响的外事工作的一部分,转变为讲求经营管理的经济活动。这就为进一步发展和完善我国社会主义旅游职业道德明确了方向和要求。

改革开放以来,随着我国旅游业迅速发展,日益增多的旅游者已不满足于一般的服务,对服务态度、服务质量要求愈来愈高。这就对我国旅游业提出了新的要求。目前,我国的旅游业已改变了过去"硬件"设施太差,不能满足国际旅游者需要的状况;同时,充分重视"软件"建设,注意改善服务态度,提高服务质量,始终把客人的需要放在第一位,尊重客人,做到"热情友好,宾客至上",并在日常工作中加强对从业人员的职业道德教育,使我国旅游业逐步建立起一整套适合我国国情的旅游职业道德体系。

2.2 社会主义旅游职业道德的特点、作用和基本要求

2.2.1 社会主义旅游职业道德的特点

旅游职业道德是职业道德的一个组成部分,具有职业道德共同的特点;同时,根据我国旅游业的特点,它还具有进步性、崇高的目的性、广泛的适应性、高度的自觉性与实践性、多层次性等五大特点。

1)进步性

首先,社会主义旅游职业道德批判地继承了历史上优秀的道德遗产,最能代表人民群众和广大旅游者的利益。

在我国现行的社会主义旅游职业道德规范中,就吸取了许多传统性的道德成分。例如,礼貌待客、文明服务、诚实守信、买卖公平以及助人为乐、济人所难等,都是人们在旅游工作中从过去的道德遗产中批判地继承下来的。

从我国旅游业职业道德的形成和发展情况来看,社会主义旅游职业道德规范主要是旅游工作者在长期的旅游实践活动中总结、概括出来的,如在旅游工作中要热爱社会主义旅游事业,全心全意为旅游者服务,发扬集体主义和爱国主义精神等,这些都直接反映了人民群众和旅游者的利益。因此,它是代表多数人利

益的一种职业道德,是一种先进的职业道德。

其次,它最能适应和推动社会主义旅游业的发展。

我国的社会主义旅游事业是建立在公有制基础之上的,创造良好的经济效益是它的主要任务。它的道德规范是在集体主义原则指导下的社会主义道德"五爱"要求的具体化和补充,从根本上摆脱了拜金主义、利己主义、唯利是图等反映旧道德观念和行为规范的羁绊,为社会主义旅游业的发展提供了道义上和行为上的支持。我国旅游业的大力发展需要统筹规划、团结协作。只有社会主义旅游职业道德才能够提倡识大体、顾大局,才能够妥善地调整行业之间和行业内部的关系,正确处理个人利益、集体利益和国家利益三者之间的关系,最终实现三者利益的根本一致,从而进一步加强旅游业的内部团结,增强社会主义旅游业的向心力和凝聚力,推动社会主义旅游业的顺利发展。

2)崇高的目的性

社会主义旅游职业道德的这一特点,主要通过职业道德规范与职业目的、职工地位、职工利益的一致性体现出来的。

(1)职业道德规范和职业目的的一致性

社会主义的旅游业的根本宗旨是全心全意为旅游者服务。社会主义旅游业的基本方针是:友谊为上,经济受益。这决定了它的职业目的是既获得经济效益,又获得社会效益。我们提倡的旅游职业道德与我们的职业目的是完全一致的,我们努力为客人提供尽善尽美的服务,赢得客人对我国旅游业的信赖,既广交朋友,又赚取利润,为国家创造经济效益。这是我们职业道德的要求,也是旅游业的职业目的。因此,只有社会主义旅游职业道德才具有崇高的目的性。

(2)职业道德规范和职工地位的一致性

在过去,人们对服务行业认识不足,带有偏见,认为服务行业是低人一等的。旅游业也不例外,常被看做是伺候人的工作,甚至有"有福之人人服侍,无福之人服侍人"的说法。这种观念反映了人与人之间的地位不平等,也是过去旧的封建等级观念在生活中的表现。受这种观念的影响,旅游业从业人员是不可能全心全意为旅游者服务的。

社会主义旅游业,既能为国家建设积累基金,推动国民经济的发展,又能通过接待工作,对外宣传、广交朋友,让世界各国人民了解社会主义中国,从而提高我国在国际上的地位。旅游工作者对自己担负的这一重任,应该感到自豪和光荣。因此,热爱社会主义旅游事业,努力做好本职工作,为发展我国旅游事业作贡献,也就成了旅游工作者的自觉要求。所以,道德规范和职业地位的一致性,是社会主义旅游职业道德崇高目的性的又一表现。

（3）职业道德规范和职工利益的一致性

在社会主义社会里，劳动者是国家的主人，职业集体内部个人利益和整体利益虽有矛盾，但不再是根本对立的，而是一致的。集体利益不仅包含着每个从业人员的个人利益，而且不论是职业集体利益还是职业集体内部个人利益的发展，往往取决于全体从业人员的劳动和工作情况。我国的旅游业是建立在公有制基础之上的，全体旅游工作者的命运都与旅游业的兴衰休戚相关，旅游业的发展，也取决于全体旅游者的工作情况。旅游工作者是企业的主人。这种主人翁的地位，反映在职业道德上就是要有主人翁精神。正是这种主人翁精神，大大提高了员工们的自觉性和自信心，增强了他们的责任感和义务感，使他们在工作中能自觉地、真诚地对待每一位旅游者，做到热情友好、文明礼貌、谦虚谨慎、不卑不亢。在企业内部，虽有上级和下级之分，但为了共同崇高的目的，只是分工不同、岗位有别，大家在政治上是一律平等的，大家都有管理、监督和改进自己企业的权利和义务。这样，在旅游业中就形成了相互尊重、相互关心、相互帮助、相互爱护的新型人际关系。而这些本身就是社会主义旅游职业道德的主要规范，是全体工作人员的自觉要求和职业活动的需要，充分体现了社会主义旅游职业道德的崇高目的性。

3）广泛的适应性

同其他行业的职业道德相比，社会主义旅游职业道德包含更多的社会公德。这一特点是由下列因素决定的。

（1）服务对象的多样性

旅游业的服务对象是国内外广大的旅游者。在这些旅游者中间，他们的身份、年龄、国籍、政治态度、宗教信仰、风俗习惯、语言文字、品德修养、兴趣爱好、消费水平等各不相同。要接待好这些旅游者，为客人提供优质服务，除了需要过硬的专业技能以外，还需要有高尚的职业道德。不论哪一类旅游者，他们离家去旅游，都有一个共同的愿望，那就是受到热情友好、一视同仁的接待。作为旅游工作者，只要站在工作岗位上，无论对任何客人，都要做到宾客至上，竭尽全力使客人感到方便、舒适、满意、愉快，这就是旅游职业道德对我们旅游工作者的基本要求，而绝不允许员工带着个人情绪上岗，或见钱眼开、以貌取人、厚此薄彼，以致做出有损国格、人格的事情来。

（2）服务内容的多样性

旅游业的服务内容是由旅游活动的内容决定的。旅游活动的内容极为丰富，有观光游览、探亲访友、学习考察、商务旅游、国事访问、朝圣拜佛、民间交往以及体育比赛、登山探险等。其中，消遣性的旅游占了很大比例，据近年来世界

旅游组织的有关统计表明,大约占70%。这就要求我们的旅游职业道德具有广泛的适应性。

(3)服务方式的多样性

旅游业的主要任务是要为旅游者提供食、住、行、游、购、娱等一条龙服务。这就必然牵涉很多行业,形成多个分工细致的部门。如旅游业由旅行社、旅游交通、旅游饭店三大支柱构成,三者缺一不可,互相依赖。其中旅游饭店内部又有许多部门,如餐饮、娱乐、客房等各部,它们也是相互依存、密不可分的。旅游工作者就是通过不同岗位来满足旅游者各种不同的需要,使他们在整个旅游活动中感到方便、舒适和愉快。

4)高度的自觉性和实践性

社会主义旅游职业道德是正确处理人与人关系的新型职业道德,是在从业人员高度自觉性的基础上建立起来的、共同遵守的道德规范,具有高度的自觉性和实践性。

在社会主义制度下,旅游从业人员是国家的主人,企业的主人,他们应有强烈的责任感。当然,社会主义旅游职业道德不是自发形成的,而是通过良好的社会熏陶、职业道德教育和每个从业人员的努力逐步形成的。它一经形成,就会产生极大的道义力量,成为旅游从业人员在自己的职业活动中自觉遵守的行为准则。

5)多层次性

一方面,在旅游职业活动中要引导从业人员树立正确的人生观、价值观,增强抵制个人主义、拜金主义、享乐主义等腐朽没落思想侵入的能力,在市场经济条件下,让集体主义成为社会主义旅游职业道德的主旋律,做到:上岗勇于竞争,为人注重清廉,竭诚互助,以保证企业朝着文明健康的方向前进,保证旅游从业人员向着更高层次发展。另一方面,目前我国尚处于社会主义初级阶段,人们的觉悟和道德水平有待进一步提高。我国的旅游业是在近十多年内迅猛发展起来的,从业人员来自四面八方,不少人文化素质不高又没有经过正规专业的教育培训,所以还没有培养起较为规范、完整的旅游职业道德,也缺乏遵守旅游职业道德的深刻认识。在实际工作中,许多从业人员各行其是,爱怎样干就怎样干,直接影响了服务质量和行业声誉。正因为如此,我们必须积极提倡社会主义精神文明,大力加强旅游职业道德建设,使旅游从业人员的思想和行为不断跃上新的台阶,成为情趣高尚、有明确奋斗目标的强者,以崭新的道德风貌为社会主义旅游事业作出更大贡献。

2.2.2 社会主义旅游职业道德的作用

社会主义旅游职业道德的作用,是道德功能在旅游职业范围内的具体表现。它对旅游业的发展,对从业人员的素质提高,以及对社会良好风尚的形成有重大作用。

1)有利于提高旅游专业队伍的素质,推动旅游业的发展

旅游业的发展离不开"硬件"与"软件"的建设,经过艰苦努力,我国旅游业的"硬件"建设已有了很大的发展,特别是饭店建设的规模和质量已达到了相当的水平,有了长足的进步。但是"软件"建设却存在着明显差距,这种差距已成为制约我国旅游业发展的主要因素之一。所以,提高旅游专业队伍的素质,提高全行业的职业道德水平,是加强旅游业"软件"建设的关键。

要提高旅游专业队伍的素质,必须从德、智、体、美、劳诸方面着手。而"德"又是第一位的,它包括政治素质和品德素质,而品德素质是对一个合格的旅游工作者的基本要求。旅游专业队伍基本素质的提高很大程度上取决于加强旅游职业道德的教育,培养良好的道德品质,使员工具有职业道德观念和行为,能自觉地"表里如一"和"始终如一"地履行自己的岗位职责和职业道德规范。

马克思主义伦理学充分肯定社会实践在道德品质形成过程中起着决定性作用。但是,人们不可能在社会实践中自发地形成良好的道德品质,而是需要在马克思主义道德理论的指导下,接受职业道德规范教育,将自己的道德行为在职业活动的实践中反复磨炼,养成良好的行为习惯并使之成为自觉的行为方式,从而形成良好的道德品质。对每一个旅游工作者来说,他们的实践就是本职工作中的实践。因此,在实践中,加强社会主义旅游职业道德教育也就成了培养旅游工作者良好的道德品质的重要途径。社会主义旅游职业道德可以充分发挥其教育功能,提高旅游工作者的道德意识,陶冶他们的道德情感,锻炼他们的道德意志,培养他们的道德习惯,并通过道德评价和自我道德修养,从多方面促成良好道德品质的形成,从而帮助他们正确认识自己的社会责任(职业责任)和道德义务(职业义务),树立崇高的职业理想和职业道德,激发对本职工作的热爱和业务技能的钻研。在旅游职业活动中,提高从业人员素质的关键在于加强职业道德教育,只有这样,才能逐步形成具有良好品德素质的旅游专业队伍,旅游业才能冲破制约瓶颈,更快地向前发展。

2)有利于改善经营管理,提高经济效益和社会效益

随着现代化旅游业的迅速发展,旅游市场竞争愈加激烈,旅游者已不仅仅满

足于一般的旅游服务,他们对旅游业的服务态度、服务质量提出了更高的要求,这为现代化旅游业的经营管理提出了新的课题。如何使旅游业的管理机制正常而高效地运转,除需要很多经济法则和行政手段外,在很大程度上还需要管理者有高度的协调艺术。经营管理需要内部关系的协调与外部关系的协调,要靠集体的努力和协作才能成功。具体地说,搞好旅游业的经营管理,必须正确处理好企业与旅游者的利益关系、旅游企业与其他行业的利益关系以及旅游业内部的关系,建立良好的人际关系和公共关系。任何一个环节的关系没理顺,出了问题,都将影响整个旅游业的经营管理。

社会主义旅游职业道德对于调节这种复杂的关系起着重要的作用,往往比法律手段、行政手段范围更广泛,影响更深刻。社会主义旅游职业道德要求旅游企业的每个员工,必须认真履行"热情友好,宾客至上"、"真诚公道,信誉第一"等道德规范,因为它们具体体现了旅游企业与旅游者之间的正确关系,保证了企业和旅游者的共同利益;而"团结协作,顾全大局"、"遵纪守法,廉洁奉公"等道德规范又把行业与行业间的相互利益统一起来,这些道德准则为旅游业的经营管理提供了良好的条件。

总之,旅游业的经营管理仅仅依靠规章制度、奖惩条例是不够的,必须结合旅游职业道德教育,让员工树立起职业责任心、道德责任感,做到敬业、乐业,在服务工作中发挥自己的积极性和创造性,这样才能有助于改进管理,提高旅游业的社会效益和经济效益。

3)有利于改善服务态度和提高服务质量

当今世界旅游业已呈现出从观光型向度假型发展的趋势,在目前人们的旅游意识日益强烈和逐渐成熟的情况下,人们已将旅游作为寻求物质享受和精神享受的一种新的消费方式,因此对旅游过程中的食、住、行、娱提出了更高的要求。我国的旅游业应顺应这一潮流,改善服务态度,提高服务质量,增强服务意识,把优质服务放在首位。无论饭店业、旅游运输业,还是旅行社接待业、景点景区服务业,都应该坚持为旅游者提供多层次、全方位的优质服务的原则,拉开合理、合法、合情的服务档次,并相应提高服务水准,以适应国内外不同类型、不同层次旅游者的需求。在旅游者面前,旅游从业人员就代表旅游企业,其一言一行,关系到企业形象。

在这个过程中,除需要物质条件和技术要求外,重要的还是如何处理好旅游工作者和旅游者的关系,即主客关系。调节好二者之间的关系,是社会主义旅游职业道德极其重要的一项任务。所以,要发展我国的旅游业,必须充分发挥职业道德的调节功能,首先处理好主客关系,把努力改善服务态度和提高服务质量作为中心环节来抓。社会主义旅游职业道德要求旅游工作者必须全心全意为旅游者服务,时时处处为旅游者着想,始终把旅游者的需求放在第一位,做到宾客至上,把旅游者的满意看做是自己的工作目标。如果旅游工作者始终如一地做到这一点,服务态度、服务质量就一定能上一个新台阶。即使我们的"硬件"还有某些不足,也同样能创造一流的服务水平。旅游业一句俗话说的"'硬件'不足,'软件'补够",是有一定道理的,"电扇加上优质服务",会起到空调的效果。

4)有利于建设社会主义精神文明和推动良好社会风气的形成

旅游业接触面广,流动性大,常被人们称为"面向世界的窗口"。旅游业是社会主义事业的重要组成部分,是社会主义精神文明建设的重要领域之一。旅游活动带来的人际接触和文化交流对社会有很大的积极作用,可以促进民族文化的发展,推动科学技术的交流,丰富人民群众的精神文化生活,开阔眼界,了解世界,为发展社会主义精神文明作出贡献。但是,需要指出的是,在改革开放的新形势下,某些消极因素和腐败现象也会乘机滋长蔓延,侵蚀旅游业员工队伍,所以必须引起高度重视,大力加强旅游职业道德建设,充分发挥它的教育功能,提高旅游工作者的是非鉴别能力,增强防腐能力,形成一支具有良好道德水平的旅游专业队伍。

从广泛而深远的意义上看,职业道德功能的发挥,会促进社会道德风尚的形成和完善。因为我们每个人一生有 1/3 的时间都在从事职业活动。职业生活是人们社会生活三大领域中的主体,职业道德也是整个社会道德的主体。高尚的职业道德,能直接带动整个社会道德的提高。旅游业是面向世界的窗口行业,"窗口"的含义主要表现为:首先,它是企业形象的代表;其次,它是一个国家、一个城市形象的缩影;最后,它是社会风气的反映。人们从它那里能看到社会风气的现状,反过来它又影响着社会风气。旅游职业道德是社会状况一个侧面的反映,又给社会许多方面以巨大的反作用。可见,社会主义旅游职业道德不仅关系到我国旅游业的兴旺发达,而且还直接影响到我国的社会风气和国际声誉。所以,社会主义旅游职业道德教育不仅可以提高每个员工的道德品质,而且还可以通过职业道德的教育对形成爱国守法、明礼诚信、团结友善、勤俭自强、敬业奉献的良好的社会风气产生直接的、积极的影响,从而提高整个社会的道德水平,促进社会主义精神文明建设。

5)有利于抵制精神污染和反对、纠正带有行业特点的不正之风

国际旅游业的发展,一方面对社会产生积极的作用,但同时也带来了某些消极影响,使我国优良的传统道德受到冲击,出现了拜金主义、个人主义、享乐主义

的思想和言行,比如,降低服务档次,向游客索要小费,与游览地商店老板勾结在一起坑害游客等。这不仅扭曲着一些人的灵魂,影响着人际关系的协调,而且严重地制约着旅游业的发展和社会的进步。面对这些问题,必须开展旅游职业道德教育,抵制旅游业的不正之风,抵御一切腐朽没落思想对旅游从业人员的腐蚀和毒害,帮助职业学校学生识别真假、善恶、美丑。坚持社会主义旅游业的正确方向,不仅对我国,而且对国际社会都有着重要的现实意义。

2.2.3 社会主义旅游职业道德的基本要求

以全心全意为旅游者服务为核心、以集体主义为基本原则的旅游职业道德,还要求旅游工作者热爱旅游事业,在旅游实践中发扬爱国主义精神。

1)热爱旅游事业

热爱本职工作,是一切职业道德最基本的道德原则。它要求员工明确工作的目的和意义,热爱自己从事的工作,要"干一行,爱一行",忠实地履行自己的职业职责。热爱旅游事业作为旅游职业道德的一项基本要求,其具体内容包括3项:

(1)正确认识旅游事业的性质和任务

我国的旅游事业,既是经济事业,又是外事工作的一部分,既要为国家建设积累资金,赚取外汇,又要扩大我国的政治影响,增进同世界各国人民之间的相互了解和友谊,开展民间性质的文化、科技交流。随着我国经济的迅速发展,旅游日益成为我国人民物质生活和精神文化生活不可缺少的重要组成部分,成为爱国主义教育、社会主义精神文明建设以及提高国民素质的重要途径。

由此可见,旅游事业是我国社会主义现代化建设事业的组成部分,其社会作用突出地表现在政治、外事、经济、文化等多方面。作为外事工作的一部分,它是开展民间外交,扩大我国的政治影响,增进同各国人民之间的相互了解和友谊,争取实现祖国早日统一和维护世界和平的重要途径。作为一项经济文化事业,它是人们物质、精神、文化生活中不可缺少的一部分。通过给旅游者提供各种服务、设施和物品来满足他们的精神消费、文化消费以及物质消费的需要,必然会促进社会主义市场经济的发展,带动其他有关行业的发展;必然会促进社会主义精神文明建设,推动各项改革的顺利进行。我国广大的旅游工作者,在接待服务的全过程中,要处处为旅游者着想,尊重他们,关心他们,努力满足旅游者的合理要求,树立良好的旅游服务形象,使旅游者体会到中国人民热情好客、淳朴善良、勤劳勇敢的道德风貌,体会到文明古国、礼仪之邦的道德风范。

旅游是当代世界最大规模的社会现象,旅游业是一项迅速发展的"朝阳产业",它作为我国经济新的增长点,为广大旅游工作者提供了更为广阔的舞台和更多的发展机遇。"热爱是最好的老师。"只有提高对旅游业的认识,才能激起热爱旅游事业的道德情感,才能正确处理与客人之间的道德关系。

(2)培养敬业、乐业的道德情感

热爱旅游事业作为一项道德基本原则,不仅是道德认识方面的要求,更重要的是道德情感方面的要求。因为仅仅知道旅游事业的重要性,并不等于真正热爱它,只有当我们在思想情感上发生了深刻的变化,达到了以从事旅游业为荣、以做好本职工作为乐的思想道德境界,才称得上是真正热爱旅游事业。这就必须解决"敬业"和"乐业"的问题。

敬业,就是敬重我们自己所从事的旅游事业,即职业荣誉感。本章案例导入中的新疆导游买地尼亚提·海力力发言的题目就是"我自豪,我是一名导游员"。

在现实中存在着服务人员的认识问题和心理平衡问题,还存在着角色转换问题。例如在餐厅,服务人员面临的是"客人坐着,我站着;客人吃着,我看着"这一实际情况。经常听到有些酒店员工发牢骚说:"服务这碗饭难吃。"这主要是指员工常在客人面前受委屈,常常横竖不讨好、里外不是人,自尊心受到严重挫伤。有些年轻人爱到高档酒店去当服务员,以为越是高档酒店就越享受、越舒服。事实恰恰相反,对于服务人员来说,酒店越高档纪律越严,劳动强度越大,受委屈越多。因为那豪华漂亮的酒店不是供你享受的,而是要你更加竭尽全力为宾客服务的。

从服务角色而论,酒店员工是不能要求与客人"平等"的,只要客人不违反酒店规定和社会法规,就应"得理让人"。旅游接待服务这种特殊性质的工作,似乎在人格上有许多不平等。但是,如果从宏观的角度来看,旅游业的职工作为社会的成员,既是生产者,又是消费者。当我们以生产者的身份为客人提供服务时,就要处处为客人提供方便,使我们的商品——服务让客人满意;当我们以消费者的身份提供帮助和服务,才能促进社会的进步与发展。所以,旅游服务工作是一项高尚的事业,绝不是降低人格的行业。

我们还应该认识到,在当今社会里,劳动是每个社会成员的职责和义务,并被看成是一种美德;任何一种对社会有益的劳动都是光荣的;劳动是衡量每个人的社会价值的尺度。以上这3点,是我国旅游工作者敬业的思想基础,也是社会对每个旅游工作者的道德要求。目前,有一些青年职工轻视服务工作,"在岗不爱岗"、"导游不爱导"、"服务不爱干",正是缺乏这种敬业精神的表现。

乐业,就是以主人翁的姿态,热爱旅游事业,乐于为广大旅游者服务,并且以做好本职工作作为自己最大的快乐,即职业幸福感。世界一流饭店,关于员工提高个人素质和培养积极态度的工作要点中,第一点就是热爱本职工作。只有这样,才能自觉遵守饭店的规章制度和岗位规范,认真履行职责,真诚热心地为旅游者服务,不断提高工作效率和服务质量。

乐业精神,体现在职业活动中就是能够正确对待苦与乐、劳动与报酬的问题。

正确对待苦与乐,实际上是一个人生观问题。作为社会的一员,应该把为人民服务、为社会多作贡献看成是人生价值所在和人生的最大乐趣,而不应该追求金钱、权力和个人享受。不论何种行业、何种岗位,都是有苦有乐的。应该不怕吃苦、乐于吃苦,在奋斗中实现自己的人生理想。正确对待劳动与报酬,实际上是劳动态度问题。

(3)发扬勤业、创业的优良传统

勤业,就是要为发展我国的旅游事业刻苦学习,勤奋工作;在平凡而琐碎的旅游服务过程中,兢兢业业,尽心尽责;在职业实践中养成忠于职守、克勤克俭的良好习惯。从客观条件讲,服务工作复杂、细致,员工既要具有良好的服务观念,又要具有熟练的服务本领。由于旅游行业的服务工作琐碎、细小,技能技巧要求高,员工只有勤奋努力,认真对待,在细微深处下工夫,才能确保优质服务。从主观因素讲,"业精于勤,荒于嬉"。许多劳动模范、先进工作者和杰出人物的事迹,都证明了"勤业"是他们的共同美德,也是他们成才和取得优异业绩的关键。

所谓创业,就是要以高度的主人翁精神,进行创造性的劳动,并积极参与企业管理,推动改革开放,使我国的旅游事业得到更大、更健康的发展。抓住机遇,加快发展,尤其需要发扬积极开拓、继往开来的创业精神。

2)发扬爱国主义精神

中华民族是富有爱国主义光荣传统的伟大民族。爱国主义是动员和鼓舞中国人民团结奋斗的一面旗帜,是推动我国社会主义历史前进的巨大力量,是各族人民共同的精神支柱。爱国主义所反映和调节的是人民对中华民族和国家的整体利益的关系和行为,是集体主义对待中华民族和国家利益的准则,是旅游职业道德的基本要求之一。

(1)培养爱国主义情感

一名旅游工作者,首先应是一个坚定的爱国主义者。这就要求每一个旅游从业人员必须牢固树立国家主人翁的责任感,把个人利益与国家的前途、命运联系起来,正确处理国家、集体、个人三者之间的利益关系,爱祖国、爱家乡、爱集体、爱岗位,立足本职,为国家多作贡献。而要做到这一切,必须具备高尚的爱国主义情感,这就要求旅游业从业人员从以下几方面培养爱国主义感情,热爱社会主义祖国:

①了解中华民族悠久的历史。我国人民的爱国主义精神是在中华民族漫长的历史进程中产生和发展起来的。要通过中国历史特别是近代史、现代史的教育,使人们了解中华民族自强不息、百折不挠的光辉历史和革命传统,了解我国各族人民对人类文明的卓越贡献;了解一百多年来我们民族的深重灾难和反帝反封建的英勇斗争,尤其要了解中国共产党领导全国人民为建立新中国而英勇奋斗的牺牲精神和光辉业绩。

②了解中华民族优秀的传统文化。中华民族在创造灿烂中华文明的过程中,形成了具有强大生命力的传统文化,其内容博大精深,不仅包括了哲学、社会科学、文学艺术、科学技术等方面的成就,而且蕴含着崇高的民族精神、民族气节和优良道德;不仅孕育了无数杰出的政治家、思想家、文学家、科学家、教育家、军事家,而且留下了丰富的历史文物、经典著作,这笔丰富的文化遗产是进行爱国主义教育的宝贵资源。

③了解党的基本路线和社会主义现代化建设成就。党的基本路线和我国社会主义建设成就是进行爱国主义教育最现实、最生动的教材。特别要了解党的十一届三中全会以来改革开放和现代化建设的巨大成就,使广大员工进一步坚定社会主义信念,坚持党的基本路线。

④了解我国国情。了解我国国情,可以帮助我们系统地了解我国经济、政治、军事、外交以及社会、文化、人口、资源等方面的历史与现状,了解我国现代化建设的目标、步骤和宏伟前景,并从中国和世界其他不同类型国家的对比中,看到我国的优势和差距、有利条件和不利因素,增强使命感和社会责任感,更好地发扬艰苦奋斗、勤俭建国的创业精神。

⑤学习社会主义民主和法制。我国的宪法和法律是广大人民意志和利益的体现,通过广泛深入的民主和法制学习,可以帮助我们了解我国的政治制度、经济制度和其他各项制度,增强国家观念和主人翁责任感,养成遵纪守法的习惯,在正确行使宪法和法律规定的公民权利的同时,忠实履行宪法和法律规定的公民义务,坚决维护国家利益。

⑥认真贯彻和执行"和平统一,一国两制"的方针。要全面、正确地宣传党和政府在祖国统一问题上的基本立场和方针政策,使他们了解我们为祖国统一所作的贡献,宣传海外侨胞和海外归来人员爱国、爱乡的事迹。

（2）爱国主义的基本要求

发扬爱国主义就是要求每个旅游工作者既要增强民族自尊心和自信心，关心社会主义祖国的前途和命运，热爱本职工作，为建设祖国和保卫祖国而英勇奋斗，又要尊重其他国家和民族的独立、自立和领土完整，支持人类一切正义斗争和进步事业。其基本要求可概括为 6 个方面：

①坚持祖国利益高于一切；

②要自觉维护祖国的独立、领土完整、统一和尊严；

③要自觉维护各族人民的安定团结；

④要自觉为祖国的繁荣昌盛奋发进取；

⑤要有民族自尊心和自信心；

⑥尊重、关心和支持其他民族和国家的人民，坚持爱国主义和国际主义的统一。

在旅游工作中，加强爱国主义教育，培养员工的爱国主义精神不仅必要而且迫切。随着我国对外开放、旅游业的迅速发展，崇洋媚外和民族虚无主义侵蚀了一些员工的思想，使少数人抵御不住金钱及腐朽生活方式的诱惑，作出一些有损国格、丧失人格的行为。对此，我们不能等闲视之，要在旅游职业队伍中加强爱国主义教育和职业道德教育。在旅游职业活动实践中发扬爱国主义精神，已成为我国旅游业对员工基本思想素质培养和"软件"建设的重要内容。

本章小结

旅游职业道德是随着旅游业的发展变化而发展的，社会主义职业道德具有进步性、广泛的适应性、崇高的目的性、高度的自觉性、多层次性的特点；它对旅游业的发展、经济效益和社会效益的提高、改善旅游业的服务态度和提高服务质量、推动良好社会风气的形成、纠正行业不正之风有重要作用；热爱旅游事业、发扬爱国主义精神是旅游职业道德的基本要求。

相关链接

美国游客的十大特点

①美国人出国旅游的普遍性。美国人喜欢旅游，"去旅游"、"去度假"就是他们追求快乐和幸福的代名词，而且，美国全国统一的假日多，很多公司还提供带薪假期。

②美国人出国旅游的计划性。美国人一般提前3个月决定出游计划,而且很看重旅游产品的折扣。

③美国人旅游度假的短期性。美国人旅游喜欢短期的"迷你"度假,每次3~4天。

④美国人旅游消费的超前性与随意性。美国人每年出境旅游的花费约为1 000亿美元。美国人在消费上的随意性很强,而且旅游消费对他们而言并不算一项太大的开支。

⑤美国人出国旅游的独立性。美国游客多为"散客",美国老人们可能组团旅游,年轻人则流行自助游。

⑥美国年轻人旅游追求新奇与刺激性。他们期望一睹长城与兵马俑,也崇敬布达拉宫与雪原冰峰。

⑦美国中老年人旅游追求自然性。美国人平时生活工作在现代化的都市中,对城市的高楼大厦产生了厌烦感,他们希望在假日能回归大自然。

⑧美国游客的历史知识比较单薄。对美国游客介绍中国历史与文化,要尽量以简单有趣的方式表达。

⑨美国游客讲究卫生。美国游客出国旅游,对各国的卫生条件相当"期待",尤其是"公共厕所"的卫生条件。这要引起中国旅游业者的充分重视。

⑩美国游客最善于用网络来规划旅游。美国人旅游规划越来越多地使用网络,从买机票、订旅馆,到旅行社安排。美国赴海外旅游总人数中,只有44%是通过旅行社代理的。

（资料来源:《中国旅游报》2007年6月1日第9版）

案例分析

《中国旅游报》2007年5月21日第14版,登载了优秀导游员刘晓征的事迹:"2004年的冬天,刘晓征接待了一对特殊的客人,这是两兄弟,哥哥全身瘫痪,除了4件硕大的行李,还有1辆全瘫病人专用的电动车,车身净重达100千克。可想而知,带着这样两位客人和一辆车在北京参观游览,是多么艰难。可刘晓征硬是一个人陪着客人完成了故宫、天坛、颐和园、长城等地3天的游览。大雪纷飞,路上结冰,在正常人走路还跟跄的故宫里,刘晓征在那名病人弟弟的协助下,将全瘫的客人以及那辆100千克的车抬上了一级又一级台阶,给客人讲解完后,再一级又一级地抬下来……一个故宫,走了4个半小时。两位客人没落下一个重要的宫殿,刘晓征的汗水早已把毛衣湿透。最后,在机场送别的时刻,兄

弟俩与刘晓征相继拥抱了 10 余次。那名全身瘫痪的客人,拉着他的手,憋红了脸,费尽全身的力气说了一句发自肺腑的话:谢谢你,刘,中国人最伟大!"

分析:

刘晓征是今年全国旅游系统劳动模范,在带团过程中,他急客人之所急,想客人之所想,在合理而可能的情况下,积极解决客人在旅行过程中遇到的每一个问题,体现的正是全心全意为旅游者服务的精髓,也正是他敬业的真实反映! 他为旅游业树立了良好形象,也为中国树立了良好形象。

复习思考题

    1. 社会主义旅游职业道德有哪些特点?

    2. 社会主义旅游职业道德有哪些作用?

    3. 社会主义旅游职业道德有哪些基本要求?

实践篇

第3章
旅游从业人员的职业道德规范

【本章导读】

国家旅游局制定了《关于加强旅游行业精神文明建设的意见》,其中提出了我国旅游企业工作人员的职业道德规范。当前,我国旅游职业道德规范应包括以下内容:

热情友好、宾客至上;真诚公道、信誉第一;
文明礼貌、优质服务;不卑不亢、一视同仁;
团结协作、顾全大局;遵纪守法、廉洁奉公;
钻研业务、提高技能。

【关键词】

旅游从业人员　职业道德规范

问题导入

古人云:没有规矩,不成方圆。在旅游服务中,接待人员的言谈举止都必须符合旅游职业道德和行为规范。那么旅游从业人员在职业活动中必须遵循的行为准则,评价和判断他们职业道德行为的标准是什么呢?

3.1　热情友好　宾客至上

热情友好、宾客至上是旅游职业道德最具特点和最重要的规范之一。它既是对我国人民好客、尚礼等优良传统的继承和发扬,又是旅游工作者敬业、乐业,热诚欢迎旅游者的一种具体表现。对于旅游者来说,热情友好、宾客至上既是一种很高的礼遇和精神享受,也是他们所希望得到的良好服务的一种定位。

3.1.1 案例分析导入

一封感谢信

海南海王国际旅行社有限公司：

　　我们是湖南省旅游局离退休老干部,于 2004 年 10 月 16 日至 10 月 20 日共 14 人自费参加海南环岛双飞 5 日游的活动。在整个行程中,为我们提供导游服务的是贵社导游钟××小姐。钟导的出色表现给我们留下了深刻的印象,特此来信给予表扬。

　　首先,打动我们的是钟导的热情。无论何时何地,钟导对我们每一个人都是笑脸相迎,微笑服务,让我们在陌生的异乡如沐春风,心情无比舒畅、开朗。

　　其次,是钟导的专业。虽然在海南我们只停留了短短的 5 天时间,但是通过钟导详尽细致的介绍,我们不仅领略了魅力的海岛风光,更了解了不少新鲜有趣的民俗风情,让我们也深深爱上了这个神秘美丽的海岛。通过钟导的介绍,我们也看到了她对这块土地深深的热爱,这种热爱也深深地打动了我们。作为海南十佳导游的钟导,尽职尽责地向每个来到海南的旅游者宣传、介绍她的故乡,这种专业、认真的精神十分可贵,也十分值得所有同行借鉴和学习。

　　最后,也是最为重要的一点,就是钟导的服务意识。钟导对我们老同志的照顾可以说是关怀备至、体贴入微。这种关怀深入了平常小事的每一处:行程的节奏快慢,饮食的口味分量,空调的强弱是否合适,以至行车时间长短是否增加了老同志的疲劳等,无一不是于细微之处见真情。钟导是认认真真地为老同志考虑,替我们操心,实实在在地关心每一个人。这是我们老同志都深受感动和感激的。这些感人的细节就像钟导所唱的山歌,"无论何时,再去回味都如同沁人的山泉,甜润人心"。

　　钟导是我们见过的导游中最优秀的一个。她为我们提供了如此优秀的服务,我们深表感谢! 希望贵社能有更多像钟导一样优秀的导游,让更多的人认识海南、了解海南,更希望贵社能对钟导这样优秀的导游给予宣传和嘉奖!

湖南省旅游局老干团 14 名全体团员

2004 年 10 月 25 日

　　分析:

　　一位美国旅游专家说:"一个好的导游员会带来一次愉快成功的旅行。"好的导游人员大多具有相似之处,比如:面带笑容、真诚待人;知识丰富、讲解广博;服务周到、关怀游客……

老年人们对导游钟小姐久久不能忘记,写来一封表扬信以肯定她的服务,这对每个导游员而言都是最好的奖励。人们常说:"导游是人之友。"实现这一目标的前提:首先,要求导游人员自身具备较强的综合素质,在导游讲解及相关服务中,给游客留下一个难忘的印象。其次,要把握好服务的核心,就是游客的心理。本例中导游员钟小姐本着热情友好,宾客至上的道德观念,在服务中能够处处为老年人着想,服务周到,在细微之处见真情,让老人从心里感受到了一种无微不至的亲切感。可见,这种对导游的真诚评价是钟小姐用真情换来的,值得所有的导游人员向她学习。

案例思考:

旅游从业人员如何保持自己的服务热情?

(资料来源:李娌,王哲.导游服务案例精选解析[M].北京:旅游教育出版社,2007.)

3.1.2　热情友好、宾客至上的要求

1)热情友好、宾客至上的道德含义

热情友好、宾客至上作为一项道德规范,是旅游工作者正确对待自己的服务对象——旅游者的一条行为准则。

热情友好既是一种道德情感,又是一种道德行为。

热情友好作为一种道德情感,它是建立在旅游从业人员对旅游业道德义务和道德价值的认识基础之上的,它要求我们旅游从业人员在对客服务工作中应投入积极的个人情感,对每一位客人内心怀有一种感激之情,并由衷地欢迎客人的到来;作为道德行为,它要求旅游从业人员在服务中倾注满腔热情,按一定的礼仪规范真诚友好地接待每一位旅游者。

宾客至上是旅游从业人员应尽的职业责任和道德义务。

宾客至上主要是对职业关系而言的。它要求旅游从业人员在旅游接待与服务工作中,一切都要以宾客为中心,宾客的任何一点要求,旅游从业人员都有责任尽力去做好。一切为宾客着想,一切服务均为使宾客满意,是每一个旅游从业人员应尽的职业责任和道德义务。在世界旅游发达的国家和地区,作为员工行为指南的座右铭有3条:

其一,客人就是上帝。

其二,客人永远都是对的。

其三,永远不要对客人说"不"。

这3条座右铭,集中体现了宾客在被接待与被服务中的地位。也正是因为客人享受到这种待遇,他们才乐意在旅游这个特殊行业里,支付他们的时间,支付他们的金钱,享受其中的快乐。而旅游企业也正是因为有了这些慷慨付出的旅游者,才有发展,才有林立的高楼大厦,沉睡的山川河流才有它的欣赏者和崇拜者,历史才有人缅怀,英雄才有人凭吊……

《一封感谢信》中导游员钟小姐本着热情友好、宾客至上的道德观念,让老年游客享受到了旅游的快乐。

2)热情友好、宾客至上的要求

"宾客至上"是服务行业的座右铭,是旅游服务应遵守的基本原则。它不仅是一句招徕顾客的宣传口号,更是服务行业的服务宗旨、服务人员的行动指南,也是服务工作中处理问题的出发点。

"宾客至上"意味着"顾客第一";"宾客至上"表现在服务人员与顾客关系上,要尊重顾客,全心全意地为顾客服务;"宾客至上"表现在导游人员在处理某些问题时要以游客利益为重,不能过多地强调自己的困难,更不能以个人的情绪来对待或左右游客,而应尽可能地满足游客的合理要求。

(1)树立"热情友好、宾客至上"的服务观念

热情友好、宾客至上的职业要求是树立"热情友好、宾客至上"的服务观念,时时处处把宾客放在首位,体现出一种道德责任和义务。

旅游从业人员在对客服务中,要始终满怀对客人的高度热情,主动、热情、周到、耐心地为宾客服务,让客人合理的需要得到满足,并使客人感受到他所获得的敬重。一位管理人员说:"我们宁愿让心情不好的员工请假,也不能让员工不带笑脸去接待客人。"每一名旅游工作者,只要一上岗,都必须以良好的服务精神、亲切的微笑、热情而周到的服务,去接待好每一位客人。做到客到微笑到,敬语到。这种服务精神的产生,有赖于把热情友好、宾客至上这一职业道德规范融进每个员工的服务观念中。

一天中午,海南某四星级酒店的二楼大餐厅来了六七位客人,他们有说有笑,看来是一次老朋友聚会,其中一位女士带了一个3岁左右的小孩。服务员小李把客人引到10号台。点完菜,客人便开始用餐。那位小孩吃了一会儿,就躺在妈妈怀里睡着了,没办法,那位女士只好抱着熟睡的孩子用餐。餐厅领班小黄发现了这个情况,就走了上去,问:"这位小朋友是不是睡着了?"那位女士说:"是的,怎么啦?"小黄确认自己的判断没有错,马上接着说:"小朋友既然睡着了,就让我抱到我们经理的办公室去睡吧。那里有空调、沙发,小朋友可以睡得比较舒服,而且不容易感冒,您也可以轻松地用餐,您看怎么样?"那位女士听后非常高兴地将孩子交

给了小黄,并说:"小姐,您想得太周到了,谢谢您!"用过餐,客人从小黄手上接过孩子说:"您这里的服务真好,我们下次一定再来!"然后愉快地离开了餐厅。

我们都知道抱着一个熟睡的孩子吃饭是什么感觉,当然,即使小黄没有帮客人解决问题,客人也不会认为酒店服务不好或投诉酒店。但当小黄为客人解决了难题,酒店给客人留下的印象就会非常深刻,一个回头客也许就由此产生了。

(2)在接待服务中,要把这一道德规范落到实处

在接待服务中,无论是重要场合还是日常接待,都要履行好这一道德规范,这是旅游企业服务质量高、管理水平高、员工素质高的具体表现。要达到这一水平,不是一蹴而就的,是靠在日常接待和琐碎服务过程中的一举一动、一言一行逐渐积累的。只有在日常接待服务工作中坚持做到热情友好、宾客至上,才能在接待贵宾和重大场合时,应付自如,很好地完成任务。

20世纪80年代初,在我国实行改革开放政策还不久,澳大利亚总理就率领大型政府代表团访华。这次访问很成功。离京前夕,这位总理决定在北京某饭店举行答谢宴会。正当宴会进入高潮时,大厅的屋顶忽然开始漏水。为了不影响宴会的气氛和企业的形象,保证"宾客至上"这一职业规范的落实,一位值班服务员立即不动声色地站到了滴水处,用自己的身体接挡住了漏下的水滴。等到宴会结束时,他已经里外湿透,但宴会却大获成功。事后在总结这一服务经验时,大家都惊喜地向他请教,问他是怎么急中生智,想出这个好办法来的。而这位服务员却认为这并不是一般的急中生智,而是一种职业要求和道德规范在起作用。实际上,凡是具备一定职业道德素养的服务人员,在遇到意外情况时,都会想方设法来履行自己的职责的。

(3)在困难和不顺利的情况下,尤其要坚持履行这一道德规范

通常在工作环境、服务对象、同事关系以及自我感觉等方面都处于良好状态的条件下,要坚持热情友好、宾客至上似乎并不难。但是,如果工作环境相当艰苦甚至恶劣,有的旅游者又不是那么通情达理,同事之间的关系和配合又不是很融洽,或者个人又遇上身体不适、情绪不好以及其他意外事件的影响等,此时此刻,要能自觉坚持履行这一道德规范就不那么容易了。为此我们必须充分认识到:坚持履行任何一项道德规范,都不是一个简单的规定和命令,也不是一个简单的操作过程。在环境艰苦甚至有危险的情况下,你是否能坚持"宾客至上",把方便和舒适乃至生的希望让给游客?在客人不友好或发生误解使你感到很难堪时,你是否还能"热情友好、真诚微笑"……总之,在困难和不顺利的情况下,要坚持做到"热情友好、宾客至上",不仅是一个认识问题,更不是一个简单的操作问题,而是一个道德觉悟和道德修养问题。

3.2 真诚公道 信誉第一

"真诚公道、信誉第一"是旅游职业道德的重要规范。俗话说:"人无信不立,店无信难开","诚招天下客,誉从信中来"。注重信誉,讲究信用,既是优良的商务传统,也是旅游行业起码的职业道德要求。旅游工作者只有诚实守信,维护行业声誉,才能吸引广大顾客,保持生意兴隆,从而提高企业的社会效益和经济效益。

3.2.1 案例分析导入

游船公司虚假宣传,承诺不兑现

1999 年"五一"黄金周期间,安徽省张先生等 13 名旅游者乘坐武汉某游船公司的游轮游览长江三峡。该公司重庆售票点在销售宣传时说:"在重庆—武汉段可安排游览丰都鬼城、张飞庙、白帝城、大小三峡、岳阳楼等 7 个旅游景点,船上住宿三等舱为 6 ~ 8 人间,配有空调和彩电。然而,实际上游客住的是 10 人间,没有空调和彩电,仅有的两台电扇还是坏的,且安全、卫生条件很差。整个旅途过程只游览了丰都鬼城和小三峡,其余的景点均没有组织游客游览或观看。当得知最后一个景点(岳阳楼)也不能游览时,整个游轮上的游客表示强烈不满,纷纷要求船长出面说明情况。而船方仅派出一名服务人员出来稍作解释,答应给每位游客退还 25 元人民币的景点门票费作为补偿。

旅游者一致认为在"五一"期间挤出宝贵时间,并每人花费 570 元,慕名而来,游览长江三峡,实际却在船上熬过了三天四夜,除了吃饭和睡觉就是看江水,时间和精神上的损失是 25 元钱远远不能弥补的。游船公司虚假宣传是对消费者的欺骗行为,故联名对此进行投诉。

分析:

质监所经调查核实,被诉方游船公司售票人员在宣传中夸大其词、误导旅客、虚假宣传,致使游客享受不到应有的服务,合法权益受到侵害。因此,质监所要求该公司对其内部各项经营行为和服务质量进行整改。责成公司领导亲自带队前往淮北市向张先生及所在单位赔礼道歉,以求得游客谅解。根据双方协商,达成了如下补偿协议:①游船公司免费安排投诉人乘坐游船再次游览三峡。②船费及武汉—淮北返程硬座火车票由游船公司承担,其他费用由投诉人自行负担。投诉人对处理结果表示满意。

行家点评:旅游企业对其服务项目、服务质量的说明及所售各类票据等,都被视为与旅游者所签订合同的组成部分,具有法律效应,应依照条款严格履行。我国消费者权益保护法规定,经营者应当向消费者提供有关商品或者服务的真实信息,不得作引人误解的虚假宣传。原国家发展计划委员会出台的《禁止价格欺骗行为的规定》中,也明确指出使用欺骗性或者误导性的语言、文字、图片、计量单位等标价,诱导他人与其交易的属于价格欺骗行为。

案例思考:

在旅游业蓬勃发展的今天,做虚假广告,不诚实待客,不注重信誉,能提高企业的社会效益和经济效益吗?

(资料来源:http://www.hubeitour.gov.cn)

3.2.2　真诚公道、信誉第一的要求

1)真诚公道、信誉第一的道德含义

真诚就是真实诚恳,讲究信用,信守诺言和合同,不弄虚作假,不欺骗或刁难旅游者;公道就是公平合理,买卖公道,价格合理,赚取合理合法的利润,既不能"宰"旅游者,也不能让旅游企业吃亏,在不损害企业利益的前提下,自觉维护旅游消费者的合法权益。

真诚、公道在宣传、质量、价格、服务等问题上表现得最直接、最敏感,所以,每一家旅游企业、每一个旅游工作者必须本着认真维护旅游者的实际利益的原则,为旅游者提供的产品及服务,做到货真价实、质好量足、质价相符,严格遵守同质同价、次质次价、按质论价的原则,做到真诚相待、经营公道。

信誉是企业的生命,信誉第一就是要求必须把企业的声誉放在第一位,对服务性强、流动性大、消费水平较高的旅游业来说尤其如此,"诚招天下客,誉从信中来",作为旅游业的从业人员,只有真诚公道地对待每一位旅游者,向他们提供优质服务,才能树立良好的信誉形象,才会稳定和扩大客源市场,最终取得良好的经济效益。

2)真诚公道、信誉第一的要求

真诚公道、信誉第一这一职业道德规范在旅游接待服务中集中地体现在旅游从业人员能否做到以满足顾客为中心,以维护顾客利益为前提,全心全意地为旅游者服务。这就要求做到:

（1）诚实善良，公平守信

"凡事信则立，不信则废"。诚信是道德的根本，也是一种非常宝贵的资源。诚信是一切道德赖以生存的前提。失信于人，什么工作也开展不起来。如果我们的服务经营一旦失信于客人，可能会给旅游行业带来灾难性的损失；旅游从业人员失信于旅游者，可能会终止他的职业生涯。所以在职业活动中诚信是基本的道德要求，是旅游业发展的命脉，是旅游业腾飞的支点。因此，要在旅游行业大力开展职业道德建设活动，使旅游企业经营者和旅游从业人员提高自己的道德水准，依靠内心信念，约束职业行为，为旅游者提供服务时，真正做到"诚实善良，公平守信"的职业要求。

（2）广告宣传，实事求是

借助媒体进行广告宣传与促销是旅游行业扩大社会影响和企业知名度及推销产品的一项十分重要的措施。但宣传一定要实事求是，恰如其分，不得弄虚作假，因为最终会带给旅游者更大的失望，久而久之，必然失信于客人，从而失去客源市场。

（3）履行承诺，信守合同

合同受法律保护，一经签订，必须严格旅行。旅游企业在组团、采购、供应、调拨等业务活动中经常要签订一些合同。为维护企业信誉，旅游从业人员应当严格遵守合同规定，忠实履行所承担的义务；否则，企业的形象和声誉就会受到影响。至于口头承诺，虽不具有法律效力，但"一诺千金"乃是取信于人的根本。尤其是旅游企业的管理者，一旦承诺，则必须说话算数，履行诺言，这样才能树立和维护企业的形象和信誉。

本节开头的案例就是一个典型的违背旅游职业道德规范的例子。游船公司不讲诚信，没有履行合同的承诺，在广告宣传中夸大其词、误导游客，作虚假宣传，致使游客的合法权益受到侵害，导致经济效益的损失，最终损害的是企业的形象和信誉。

（4）按质论价，收费合理

切实维护旅游者的利益主要表现在收费上能否做到按质论价。收费合理，不仅是一个经营方法问题，而且是一个职业道德问题。旅游职业道德要求每个旅游工作者在保证质量的前提下，一定要自觉做到严格执行物价政策，不随意提价或变相提价，更不能乱收费或者用其他方式克扣旅游者的财物，搞见利忘义的"一锤子买卖"。

（5）真诚待客，拾金不昧

真诚待客，一方面要做到一视同仁，另一方面还应做到"四个一样"：即客人来到时和离去时一样,客人在场时和不在场时一样,领导在场和不在场时一样,有人监督和无人监督时一样。

拾金不昧是我国的一种优良传统。在旅游职业活动中发扬这种传统,更有重要意义。因为旅游者的行动,常常是来去匆匆,难免会造成遗忘或丢失;另外旅游者出门旅游,人地生疏,加上随身带有一定数量的钱和贵重物品,因此,确保安全对于他们而言是最为重要的。而能够让他们拥有这种安全感的,除了旅游接待与服务部门给他们提供安全、可靠、舒适的环境,另一个十分重要的方面则是接待与服务人员通过实际踏实的工作,赢得旅游者的信任。

拾金不昧是获得客人信任、建立企业信誉的重要方面。有这么一则案例很能说明这一问题:

北京××饭店1127房间港客吴先生匆匆离店,11楼客房服务员查房时,发现挂衣杆上还有一件灰色西服上衣,再细查,发现口袋内有名片册和2 000元人民币。服务员立即与总台联系,但为时已晚,吴先生已乘出租汽车去了飞机场。

大约45分钟后,刚到机场的吴先生给饭店楼层服务台打来了电话,询问是否发现一件灰色西服上衣。当得到肯定答复后,他的焦虑心情顿时平静下来。但当他抬手一看手表,发现离班机起飞时间仅差7分钟,要亲自取回衣物已来不及了,不由得又焦急起来。

客房部服务人员在电话中先安慰了他几句并告之暂时不要登机,可在关口等待,饭店马上派人将衣物送到机场。

当已验过机票,焦急地等待在海关入口处的吴先生接过服务员递过来的西服和装有2 000元人民币及名片的信封时,高兴地说:"贵店帮了我大忙了!"

从此以后,这名客人成了该饭店的常住客人,并为该饭店介绍了很多高消费的商务客人,成了饭店产品的积极宣传者和义务推销者。

这一案例充分说明旅游企业良好形象和信誉的建立,并不一定要靠大张旗鼓、轰轰烈烈的广告宣传;每一个员工如果都能继承和发扬拾金不昧的优良传统,旅游者同样能从"失而复得"的惊喜中,感受到中国旅游业和饭店业的良好风貌。

总之,我们要靠真诚公道、价格合理来建立社会主义旅游业的信誉,提高中国旅游业在国际市场中的竞争力。

3.3 文明礼貌 优质服务

从旅游业的社会功能角度看,旅游服务不仅应当满足旅游者的生理、安全等较低层次的需要,而且必须努力满足旅游者的社交、自尊和自我实现等较高层次的需要。因此,文明礼貌、优质服务也就必然成为旅游业的基本业务要求,也是旅游职业道德中最具特征和操作性的规范之一。

3.3.1 案例分析导入

优质服务始终如一

昆仑饭店前厅门卫10多年来坚持开展"跑步拉门、实行24小时优质服务",每天为宾客开关车门的次数为1 600余次,全年58万余次。夏天,门卫要在地表温度高达50 ℃以上的条件下坚持做迎宾、微笑问候、叫出租车、跑步拉车门、帮助客人装卸行李、维护饭店外围秩序等一系列的服务工作,上岗不到5分钟,头上的汗水顺着帽子流下来,身上的汗水很快就把衣服湿透了,为了保持规范动作,他们任凭汗水流淌。冬天,门口温度低至零下十几度,风力有时可达七八级,寒冷刺骨的西北风把人吹得都站不住,他们始终如一坚持在自己的岗位上一丝不苟地做好每一项服务。为防止漏拉车门,他们制订了一套方案来解决这一问题,通过饭店监控系统对漏拉车门情况进行反复分析、研究、归类,制订表格实行量化管理,合理安排上岗人数,使漏拉率降为零。很多中外宾客都称赞说:"走遍世界,贵店迎宾员在严肃中不失热情的服务是不多见的,迎宾员的跑步拉门给我留下了深刻的印象。进门是第一关,在其他许多酒店这种跑步拉门尚未见过,希望你们永远保持。"一些中外宾客经常驻足观看门卫的服务,认为是一种享受,并专门为门卫的个性化服务照相、摄影,在报上发表文章。

分析:

店门迎送客人服务工作主要由门卫负责,他们代表饭店欢迎来店的客人和离店的客人。门卫工作责任重大,象征着饭店的礼仪,代表饭店的形象,起着"仪仗队"的作用。门卫要求着装整齐、精神饱满、思维敏捷、动作迅速、姿势规范、语言标准、服务热情、待客礼貌、创造热烈欢迎客人的气氛,满足客人受尊重的心理需求。为到店客人开车门是门卫的主要工作之一。一个人一天几次、几十次的跑动拉门服务可以坚持,但是全体门卫每天1 600次,每年58万次,十几年如一日几百万次的拉门优质服务始终如一确实难能可贵。昆仑饭店保卫部前厅门卫就创造了这样一个奇迹,他们先后获得个人及集体的各种光荣称号。国家旅游局领导多次在全国旅游行业会议上表扬昆仑饭店的前厅门卫无论白天黑夜,无论刮风下雨,服务都是一个样,无可挑剔,他将昆仑饭店的前厅门卫视为旅游饭店行业的榜样。

案例思考:

你应该如何像他们那样为宾客提供优质的个性化服务?

(资料来源:侣海岩.饭店与物业服务案例解析[M].北京:旅游教育出版社,2003:192.)

3.3.2 文明礼貌、优质服务的要求

1)文明礼貌、优质服务的道德含义

文明礼貌、优质服务是旅游职业道德的一个极其具有行业特点的道德规范,也是旅游从业人员必须具备的素质要求之一。

文明礼貌是社会公德的基本内容和重要道德规范,是正确处理人们之间相互关系的一种最起码也是必不可少的行为准则。也就是说,人们要友好愉快地相处,最根本的就是要讲究文明礼貌,能够相互尊重。对于旅游业来说,文明礼貌不但是进行一般交往的手段,而且是旅游从业人员服务态度、服务规范和服务内容的重要组成部分。

文明礼貌不仅是对旅游从业人员的基本业务要求,也是重要的道德规范。

优质服务是一切服务行业的共同规范,是旅游业职业义务的集中体现,是旅游从业人员最重要的道德义务和责任。优质服务的核心内容就是礼貌服务。

2)文明礼貌、优质服务的要求

文明礼貌、优质服务是旅游业最重要、最具有行业特色的道德规范和义务要求。它对旅游从业人员的具体要求是:

①真诚待人。尊重他人是做人的起码社会公德,是旅游从业人员最基本的道德规范,也是优质服务的基本要求。

②仪表整洁。举止大方既是个人修养问题,又是服务态度和服务质量的一部分,也是旅游从业人员最重要的道德规范。

③语言优美。谈吐文雅是文明礼貌、优质服务这一道德规范的重要内容和要求。"良言一句三冬暖,恶语伤人六月寒!"这几乎是所有人的共同感受。只有优美的语言、文雅的谈吐才能使人与人之间以礼相待的公共道德准则成为现实。

④微笑服务。礼貌待客是真诚待客的外在表现。微笑是热情友好的表示,真诚欢迎的象征。微笑是旅游者感情的需要,是旅游业发展的需要,是旅游从业人员对自己职业价值的肯定;礼貌待客是一种社会公德,也是服务行业的一项传统职业道德。由于旅游活动的特殊性,礼貌待客作为旅游业的一项职业道德规范,它的标准和要求就更高了。

上例中,昆仑饭店的前厅门卫组,他们就是本着"文明礼貌、优质服务"这一道德规范的要求,在平凡的工作岗位,创造了"每年58万次的开门优质服务始终如一"的奇迹。

⑤标准化服务与个性化服务相结合是优质服务的前提。标准化服务是旅游服务质量的基础。个性化服务是使宾客满意的服务。个性服务是根据宾客不同的个性需求,对每一位不同的宾客提供针对性的服务。它包括:到家服务、延伸服务和情感服务。

到家服务——就是根据服务程序与标准,不仅服务要到位,还要到家,即超出客人的期望值的额外服务。

延伸服务——就是根据宾客的个性需要,在满足其服务标准需要之外,将服务内容延伸。如有些旅游企业组织的灵活服务、细致服务、癖好服务、意外服务、自选服务和庶务服务等就是满足宾客的个性需要。

情感服务——就是指旅游服务不仅要满足宾客的物质需求,而且在服务过程中强调旅游从业人员对旅游者的情感投入,强调服务的人性化,用心、用情为宾客服务。

标准化服务是每个服务员都可以做到的,但个性化的服务则需要服务员细心去体察。

楼层服务员小邓在打扫2808房间时,发现客人的枕头中间有一道很深的折痕,连续两天都是这样的情况,细心的服务员把这情况记在脑海里,在第三天打扫房间时服务员将一个加枕放到了房间。原来这位从上海来的华先生,患有严重的颈椎病,在睡觉时必须用高一点的枕头垫着才能缓解。客人对服务员的细心关照非常满意,在离店与大堂副理的谈话中对楼层服务员的细心服务给予了充分的肯定,并表示下次再来一定还住该饭店。

(资料来源:侣海岩.饭店与物业服务案例解析[M].北京:旅游教育出版社,2003:69.)

服务员小邓的做法值得提倡,作为一名合格的服务员就应该学会细心观察客人的生活习惯,并根据客人的个性需求,将服务内容延伸,提供令客人满意的个性化服务。

3.4 不卑不亢 一视同仁

不卑不亢、一视同仁作为旅游职业道德的一项规范,是旅游从业人员在旅游职业活动中表现出的道德情感和处理主客关系时的道德行为,是民族自尊心、自信心以及国格、人格的体现,是爱国主义精神的具体展示,是旅游职业道德的重要道德规范。

3.4.1 案例分析导入

某旅行社的一位日语导游,曾接待了一位日本游客,从接机到游程过半,这位客人一直绷着脸,好像有许多不满,偶尔也对其他客人出言不逊。一日,这位游客突然在汽车上大声质问:"导游!我就是不明白你们中国人为什么这么贪得无厌!你们的国土这么大,是我们日本的26倍,管都管不过来,为什么还要对区区一个钓鱼岛紧抓不放呢?"在经历了车厢内短暂的沉寂之后,导游小姐冷静地回答了这位日本游客在心里憋了几天的问题。她从钓鱼诸岛自古以来就是中国的领土(明朝初年就确认为中国领土),讲到捍卫国家的主权和尊严,钓鱼岛和台湾一样是中国领土不可分割的一部分,中国对钓鱼诸岛及其附近海域拥有无可争议的主权。我国的这一立场有充分的历史和法律依据。最后说道:"别说是一个海岛,就是巴掌大的一块土地,只要涉及国家主权和领土完整,我们都要坚决捍卫。在这个原则问题上,各个国家都是一样的,贵国的土地面积要比韩国大,为什么也要对区区一个竹岛紧抓不放呢?可见这并不是什么贪得无厌的问题。"说得那位游客哑口无言。

分析:

在案例中,那位日本游客恶意挑衅,提出中日外交关系中非常敏感的钓鱼岛问题。导游在处理这件事情上,不卑不亢,据理力争,维护了中国人的尊严,也赢得了日本游客的尊重。

案例思考:

旅游从业人员在工作时,对于个别旅游者站在敌对立场上进行恶意攻击,蓄意污蔑挑衅,作为服务人员的你如何去处理呢?

(资料来源:郭赤婴.导游员职业道德实证分析[M].北京:中国旅游出版社,2003:5.)

3.4.2 不卑不亢、一视同仁的要求

1) 不卑不亢、一视同仁的道德含义

不卑不亢是爱国主义和国格、人格的具体体现,其核心是平等相待。

不卑,就是不自卑;不亢,就是不高傲。要求旅游从业人员在接待客人的过程中,既要做到尊重客人、热情友好、谦虚谨慎,尽到自己的职业职责和义务,又要做到自尊自爱自信,体现出旅游从业人员的主人翁精神和民族自尊心。

不卑不亢作为旅游职业道德规范,就是要求我们旅游从业人员在旅游职业活动中能以平等的姿态与人相处,尤其是在接待各国旅游者时,既不要自卑,也不要高傲。

一视同仁是社会主义人道主义的体现,其核心是公平与公正。

一视,就是一样看待;同仁,就是同样仁爱。

一视同仁作为旅游职业道德规范,就是要求旅游从业人员不仅要全心全意地为旅游者服务,而且要公平、公正地对待每一个旅游者,充分尊重他们的人格,维护他们的合法权益,关心他们的切身利益,真诚地为他们服务,不得以个人的亲疏、好恶,厚此薄彼。

2) 不卑不亢、一视同仁的要求

不卑不亢和一视同仁,从表面看似乎仅仅是个举止行为问题,实际上却是与个人思想品德紧密相关的。一个人格不健全的人,就很难在社会生活和职业活动中做到不卑不亢和一视同仁。

不卑不亢和一视同仁作为旅游职业道德规范,对旅游从业人员的具体要求是:

(1) 谦虚谨慎、自尊自强

旅游职业道德要求从业人员在对客服务中,应当始终谦虚做人,坦诚做事。谦虚即应礼待客人,礼让敬人,要平等待人,尊重他人。要有严谨的工作作风,处理任何事情都要做到严谨细致,精益求精,不骄狂,不盲目自大。但也不要妄自菲薄、自己看轻自己,从而在工作上不思进取,行动上畏缩不前。要重视自己的人格,做到自重、自爱、自信、自强。

上例中的日语导游在遇到日本客人恶意挑衅时,就是严格按照这个要求去做的。在处理问题时,做到了坚持原则,不卑不亢,维护了国格、人格。

(2) 一视同仁、以礼相待、热情周到地接待好每一位客人

作为旅游接待服务工作中的平等原则,一视同仁、以礼相待应重点体现在以

下"六个一样"上：①高低一样；②内外一样；③"东""西"一样：东，主要指第三世界发展中国家的客人；西，主要指欧美等发达国家的客人；④"华""洋"一样；⑤"黑""白"一样；⑥新老一样。

下例中林恩所做的正是这一职业道德规范要求的体现。

一个细雨飘飘的傍晚，某五星级酒店大堂经理林恩正在大堂值班。她透过玻璃门，看到一个外国青年背着一个很大的背包正朝酒店大门走来。他从旋转门进入大堂，立即停住了脚步，显然是被酒店大堂的豪华气派震慑住了。他看看自己肮脏的旅游鞋，有点犹豫，但还是走到了总台，用英语问道："请问，这儿有住宿吗？哦，我知道你们有，但我指的是 dormitory（较廉价的住宿）。""Dormitory?"总台接待员反问。年轻人抬头看看大厅四周，理解地说："我想你们这儿一定没有我要的那种房间了。"大堂经理林恩此时也来到了总台，她友好地对这位外宾说："您是否需要房价低一点的房间？""正是。"这位外宾为有人了解他的需求感到高兴。巧的是，这家五星级酒店旁边正好有一家三星级涉外酒店，两家酒店同属一个集团，彼此往往根据不同的客人档次互相推销。这时，林恩就向外宾推荐这家三星级酒店："我们还有另一家酒店，单人间房价最低在300元左右，您觉得怎么样？"这个外国青年的脸上露出了一丝为难："我是一个穷留学生，要住一段时间，这个房价恐怕还是偏高，我看算了吧。"外国青年说着就往外走去。林恩看天色已晚，客人又不会中文，要找一个廉价的住处，可能有困难。她想了想，追了上去："请等一等，我知道我们酒店对面弄堂里有一家不错的招待所，房价在90元左右，如果你愿意的话，我可以派一名行李员陪你过去。"外国青年的脸上露出了笑容："啊，那真是太好了，太感谢你了。我以后一定会给你一个惊喜。"几天后的一个傍晚，从门外走进来一老一少两位外宾。坐在大堂经理的椅子上的林恩惊奇地发现那个年轻的外宾正是那天的那位留学生，所不同的是他今天西装革履，与那天的邋遢样全然不同。此时他们已经走到了林恩面前，年轻的外宾说："谢谢你，林小姐，那天要不是你，我可能要露宿街头了。这是我的父亲，他在中国有一家化工分公司，生意不错，不过我还是想靠自己打工留学。我父亲的公司每年有一笔不小的交际费，我向他介绍了你们酒店的豪华和你的亲切的服务，他一定要我陪他过来看看，并且会把公司所有的客人安排到这儿。正好今天是我的生日，我们能邀请你一起吃饭吗？"林恩为自己能给酒店拉到这样一笔大生意而喜出望外："这就是你要给我的惊喜吗？哦，简直超过了我的想象。谢谢你们如此关照，同时，祝你生日快乐！但我正在上班，不能陪两位了，谢谢！祝你们用餐愉快。"目送两位外宾从大堂豪华的楼梯去了西餐厅，林恩坐在自己的位置上思绪万千……

旅游职业道德要求旅游从业人员做到一视同仁的"六个一样",并不是机械的、绝对的,更不是在具体工作中不分先后、不分内外、不分档次。在同等条件下,还必须做到"六个照顾":①照顾先来的客人;②照顾外宾和华侨及港澳台客人;③照顾贵宾和高消费客人;④照顾黑人和少数民族客人;⑤照顾常住客人和老年客人;⑥照顾妇女、儿童及病残客人。

在接待与服务工作中,优先原则已被旅游者普遍接受与认可,它并不违反一视同仁的道德规范。特别要强调的是照顾妇女、儿童和老弱病残客人,这本身就是社会公德的基本要求。为妇女、儿童提供专门的服务设施和服务项目,为残疾客人准备轮椅,为生病的客人免费送餐等,这既是个性化服务的要求,也是人道主义的直接体现。

3.5 团结协作 顾全大局

这里所讲的团结协作、顾全大局,是指在集体主义道德原则指导下,正确处理旅游业内部同事之间、部门之间以及相关行业和部门之间的共同利益关系的重要准则。

3.5.1 案例分析导入

护送老太太登机

一支从美国来北京的旅游团畅游故宫和长城等名胜古迹后,回到丽都假日饭店已是傍晚5点半了。细心的总台接待员发觉,全陪满脸的忧虑,上前询问,才知道有一位老太太在游览长城时不慎摔断了腿,此时已送医院治疗。

这位接待员把情况向大堂副理汇报了。当晚,酒店派出两名管理人员,带着一束鲜花前往医院看望客人。3天后,旅游团结束了中国之行,要乘飞机回旧金山。可是那位绑了石膏、行动不便的老太太怎么办?

前厅部和客房部几位经理比旅游团还着急。让老太太留在北京显然行不通;要是上路的话,估计登机之后问题不大,棘手的是酒店去机场的路不平,摇摇晃晃,半个小时的颠簸不仅会使年迈的客人增加疼痛,还可能影响骨接部位的愈合。讨论许久,方案提出不少,最后达成一致意见:采取特别措施,保证把美国老太太平安送上飞机。

前厅部负责行李的几名小伙子扛上了一副担架,把老太太先送到大堂,由于几名小伙子前后左右照顾得好,老太太到达大堂时丝毫不觉痛苦。在大堂沙发上等候会客的人们,见此情景都围上来问长问短。大堂副理和保安人员还临时充当老太太的"护卫"。

去机场的汽车来了。怎样将病人送上车呢?担架太宽,平放着进车门肯定进不去。行李部的一个小伙子在车窗口比划了一下,嗨,车窗比担架宽上几厘米,于是决定从车窗里进去。前厅部动用了6名身强力壮的小伙子,把担架平平稳稳地从车窗塞了进去。

上车后,几名小伙子还是不放心,绝对不能让病人振荡。他们请示了部门经理,最后决定6名小伙子一起护送病人到机场。一路上6个年轻人轮番抬着担架,不让担架接触车身,这样可大大减少路途的颠簸。当汽车驶完半个多小时的路程时,6名小伙子个个满头是汗,气喘吁吁,旅游团全体成员长时热烈鼓掌,不少客人用照相机拍下了一路护送的情景。

分析:

"团结就是力量"这就是真实的写照。北京丽都假日饭店一再强调使客人真正享受到"宾至如归"的服务,而无"羁旅之感",他们经常教育全体员工,在工作中要团结协作,顾全大局,全心全意为旅客服务,使客人进店之前的期望值成为离店时的满意值。本案例中用担架护送老太太登机的事迹感人至深。虽然客人是在游览中摔伤的,送客人登机本应是旅行社的责任。但他们把送这位特殊的客人当做自己的事,积极地支持、配合,体现了丽都饭店的一种主人翁精神,为我国的旅游业创造了社会效益和经济效益。

案例思考:

看完这个案例,你认为是一股什么样的力量把丽都饭店的员工拧成了一股绳呢?

3.5.2　团结协作、顾全大局的要求

1)团结协作、顾全大局的道德含义

旅游职业道德把团结协作、顾全大局列为重要的道德规范,就是要求全体旅游从业人员为了旅游业共同发展的目标,自觉搞好同事之间、部门之间以及单位和相关行业之间的团结,摆正个人、集体、国家三者的关系,自觉做到个人利益服从集体利益、局部利益服从整体利益、眼前利益服从长远利益,并以此准则处理职业活动中的各种问题。

2)团结协作、顾全大局的要求

(1)团结友爱,互相尊重,建立良好的集体

团结友爱的前提是人们的相互尊重。在旅游行业内部,在职业活动中,要尊重本行业、本单位、本部门的每一位同事。相互尊重包括领导者与群众之间、新老员工之间的相互尊重。旅游职业道德规范要求领导者密切联系群众,尊重群众,吃苦在前,享乐在后,大公无私,以身作则,关心群众疾苦,体谅下级困难,严格要求并不断提高旅游从业人员的各方面素质。同时,群众要尊重领导,支持领导工作,齐心协力完成工作。在师徒之间、新老员工之间,要做到相互尊重。学员和青年职工都要尊重老职工,向他们学习。老职工要爱护、培养、关心、尊重学员和青年职工,把宝贵的经验、技能技巧毫无保留地传授给他们,既教授知识、技能,又教育他们做人。

(2)发扬主人翁精神,相互支持,相互配合

主人翁精神是企业之魂,它是指员工自觉地做企业的主人,充分发挥自己的主动性、积极性和创造精神,是一种对工作兢兢业业、尽心竭力、锲而不舍的高度负责精神,是社会主义集体主义的集中表现。

旅游企业是一个现代化的综合性企业,由于旅游服务内容的多样性,服务手段的综合性和连贯性,以及旅游者的流动性,要在同一时间、不同空间满足旅游者多种消费需要并提供周到的服务是需要多部门、多环节、多岗位的众多旅游从业人员的共同努力来完成的,这就要求旅游从业人员要从国家、旅游业、企业的大局出发,发扬主人翁精神,相互支持,相互配合,提供优质的服务。

(3)相互学习,相互帮助,建立良好的人际关系

榜样的力量是无穷的,在企业内部要形成向先进分子学习的良好风气,对先进分子的任何不服气、妒忌或求全责备的想法和做法都是不正确的。先进人物也要密切联系群众,积极帮助后进,善于带动一般。

随着旅游业的不断发展,在旅游行业内部要形成发扬风格、互相帮助、互相学习的风气,造成团结、温暖、融洽的企业氛围,建立良好的人际关系,使企业成为充满活力的、有强大凝聚力的集体。

上一个案例所讲述的就是这样一个事实:如果不是旅游职业道德规范的要求把大家拧成一股绳,旅行社和饭店相互理解、团结协作,单靠旅行社的力量是很难完成任务的。所以,团结协作、顾全大局是集体主义精神的具体体现,在旅游职业道德的规范体系中居于核心地位,是提高服务质量、发展旅游业的重要保证。

3.6 遵纪守法　廉洁奉公

　　遵纪守法、廉洁奉公作为旅游职业道德的一项重要规范,是旅游从业人员必须具备的基本品质,是正确对待权利与义务的行为准则,也是正确处理个人与他人、个人与集体、个人与社会、个人与国家等公私关系的一条重要原则。

3.6.1　案例分析导入

　　小韩从事导游工作已好几年了。这次,他接了一个25人的香港团,游览W市。按照旅行社计划安排,旅游团在W市游览6个景点,安排两家店购物。然而,在游览过程中,小韩除安排游客去规定的两家店购物外,又擅自安排游客多去了两家店购物。虽然在走完旅行社规定的2家店时,领队根据游客的反映委婉告诉小韩不可再去购物了,但小韩仍我行我素,强带游客进店,领队虽然没有表示抗议,但心头的不满已"写"在脸上。行程结束,快要到达机场时,小韩致欢送词后,领队依照惯例,给了小韩一个内装有小费的信封。小韩接过后,当着游客的面就拆开了,一看里面装的是50元人民币,心里极不舒服。他让游客在车上等一会儿,自己下了车……不一会儿,小韩回到了车上,只见他手上拿着一把散钱。他用不无嘲讽的口气与游客说:"各位游客,刚才我已和大家说了,我感谢大家在W市期间和我的配合。"小韩一边说,一边扬扬手里的钱:"大家给我的心意我领了,但这小费我不收,这钱来自于大家,我把它还给各位。"说完,小韩将这50元纸币、硬币逐一发到游客手上。游客们手上拿着几元钱,眼睛里却忡忡的,车厢里气氛顿时凝固了。几位反应较快的游客马上拿出了50元甚至100元给小韩,说这是他们个人给小韩的一点小意思,请别嫌少。但更多的游客是用责怪的眼神看着领队……

　　分析:

　　本案例中的小韩没有按计划接待,违反了服务操作规程,变相地向游客敲诈勒索,严重地败坏了行业风气。面对这些问题,必须开展职业道德教育,抵制旅游业的不正之风,抵御一切腐朽没落思想对旅游业从业人员的腐蚀和毒害,帮助旅游从业人员识别真假、善恶、美丑。坚持社会主义旅游业的正确方向,不仅对我国,而且对国际社会都有着重要的意义。

　　案例思考:

　　各行各业都存在着不正之风,旅游行业的不正之风和精神污染尤为突出,在

旅游业蓬勃发展的今天,旅游从业人员一定要按照遵纪守法、廉洁奉公的要求去严格要求自己。

(资料来源:徐云松.旅行社服务案例分析[M].北京:高等教育出版社,2000:174.)

3.6.2 遵纪守法、廉洁奉公的要求

1)遵纪守法、廉洁奉公的道德含义

遵纪守法、廉洁奉公既是行政和法律的要求,又是道德规范的要求。

遵纪守法是指要重视并遵守组织纪律和法律法规。遵纪,就是遵守对其规定的行为规范。守法,就是执行国家政策,遵守国家的法律,依法办事。

廉洁,是清廉、洁白,不损公肥私;奉公,是以公事为重,不徇私情。廉洁奉公要求不贪污受贿,不假公济私,不化公为己,不利用职权谋私利,不搞特殊化,更不能徇私枉法;要一心为公,秉公办事,以人民的利益为最高利益,处处为集体、国家的利益着想,全心全意地为人民办事。

2)遵纪守法、廉洁奉公的要求

遵纪守法,就是要求旅游从业人员自觉遵守旅游业的职业纪律以及有关的规章制度,同时还应自觉遵守国家和政府的有关法律、法规。

廉洁奉公,就是要求旅游从业人员在职业活动中洁身自好,清廉不贪,服务宾客,奉献社会。

遵纪守法、廉洁奉公作为旅游职业道德规范,要求旅游从业人员做到:

(1)自觉遵守法律法规、职业纪律,维护旅游者的合法权益

职业纪律是指根据各种职业的需要和工作规律制定的既有社会共性又有职业特点的规章制度、条款。其中旅游从业人员必须遵守《涉外人员守则》、《旅游涉外人员守则》和《员工守则》、《岗位规范》等纪律规定。

维护旅游者的合法权益是旅游服务的原则。世界旅游组织和中国国家旅游局制定了一系列关于保护旅游者权益的法律规范,旅游企业在招徕和接待旅游者的过程中必须遵守。作为旅游企业的代表,服务人员在接待旅游者的第一线,必须不折不扣地按规定向旅游者提供一系列的服务,将维护旅游者的合法权益作为自己服务的准则,并根据这一准则对其他旅游服务的质量进行质量监督,处理接待过程中的有关问题。

(2)廉洁奉公,反对和纠正行业不正之风,抵制腐朽的精神污染

目前,在少数旅游从业人员中出现的一切向"钱"看的拜金主义、怕苦怕累

的享乐主义、谋取私利的个人主义,以及盲目崇洋追求资产阶级腐朽生活方式等现象,甚至有的人丧失人格、国格,走上犯罪道路,这是十分危险的。

在旅游行业,反对和纠正行业不正之风,坚持原则,同违法乱纪现象作斗争,提高觉悟,抵制精神污染,是一项在思想上、政治上、经济上的长期任务。加强职业道德建设,倡导公私分明、廉洁奉公,是对旅游从业人员提高思想认识、政治觉悟和道德水平的基本要求。

3.7　钻研业务　提高技能

钻研业务、提高技能作为旅游职业道德的业务要求和规范,是旅游从业人员热爱旅游事业、全心全意为旅游者服务等道德原则的具体体现,也是敬业爱岗意识的进一步深化。

3.7.1　案例分析导入

全国优秀导游技术能手——国旅北京分社的于柏林,他认为作为一名导游翻译人员,必须爱国,爱国要有真才实学,要有丰富的地理、历史、社会、文化等知识,才能提高导游翻译工作的艺术技巧,讲解才能引人入胜,才能激起游客对中国的热爱。他为了积累各方面的知识,每天花10分钟时间对着世界、中国、中国北京地图,用外语思维浮想联翩,神游大地。结合所学过的知识及每天所看到的影视、书报对着地图东看看、西想想,用外语思维琢磨导游词,不但能积累知识、巩固连贯记忆,最重要的是开阔思路,使他在工作中能够对答如流,讲解也富有想象力和感染力。有一次,他接待了来自美国夏威夷州的几位日裔美国人。他们性格直爽,思路开阔,操着不太熟练的日语,掺杂着英语。一会儿谈阿根廷的阿方辛、英国的撒切尔、中国的周恩来、美国的基辛格;一会儿是孙中山的哥哥孙眉当年在檀香山如何如何;一会儿是中国古代文化如何传到日本、中国近代史及辛亥革命等。所谈的话题的确是上下几千年,纵横数万里。由于他对历史、地理比较偏爱,平时对专业知识的积累,客人好像终于找到了知音,就与他对侃了起来。鉴于他们对历史、政治感兴趣,就侧重带他们参观历史博物馆、革命博物馆及宋庆龄故居等处,着重讲历史、政治,行车途中着重讲所见景物及人民生活。终于改变了他们原先抱有的"中国人孤陋寡闻,不了解世界,生活困难"等成见,使他们从历史和现实的角度全面地了解中国。从那以后,他们连续3年都来中

国旅游,并多次来信称中国是他们的母亲之国。

分析:

于柏林在平时的工作中努力学习专业知识,刻苦钻研业务,把全部精力倾注在服务工作中。在工作岗位上充分发挥自己的聪明才智,按照客人的喜好,提供个性化的服务,用实际行动激发了游客对中国的热爱,真正成为一个名副其实的优秀导游员。

案例思考:

旅游从业人员应该怎样做才能符合"钻研业务、提高技能"这一职业道德的要求?

(资料来源:王连义.怎样做好导游工作[M].3版.北京:中国旅游出版社,1997.)

3.7.2 钻研业务、提高技能的要求

1)钻研业务、提高技能的道德含义

钻研业务、提高技能是旅游行业一项重要的职业道德规范。旅游工作者的整体素质主要是由思想道德素质、业务能力素质和身体健康等素质构成的。而所谓业务能力素质,又是由文化基础知识、业务知识和专业技能等构成的。

刻苦钻研业务、掌握本领并提高技能,这是正确的人生价值目标决定的职业道德规范。旅游从业人员只有具有丰富的业务知识和熟练的职业技能以及过硬的基本功,才能为旅游者提供优质服务,才能尽到自己职业的责任,才能为企业赢得声誉,才能为我国旅游业的发展作出贡献。

2)钻研业务、提高技能的要求

(1)要有强烈的职业责任感和崇高的职业理想

作为一名旅游从业人员,既然投身于旅游事业,就应该充分认识到我国旅游业对促进经济、繁荣社会、提高人们生活质量的重要作用。有了这样的职业理想,就必然会产生一种崇高的使命感和内在的推动力,驱使我们的旅游从业人员去刻苦钻研业务知识,努力提高专业技能。有职业责任感的人,必然会以主人翁的精神,把全部精力倾注在服务工作中,以高度的责任心向宾客提供优质服务。

因为我国旅游业是以全心全意为中外旅游者服务作为根本宗旨和道德原则的,旅游职业道德中所强调的"宾客至上"意识和"优质服务"意识等,都是建立在职业需要和职业责任感的基础之上的。同时为了满足职业的需要,自觉钻研

业务知识和提高专业技能,也就成了旅游从业人员职业责任感的重要内容。所以没有丰富的业务知识和高超的专业技能,也就谈不上"宾客至上"和"优质服务",更谈不上行业和企业的信誉、形象和效益。

(2)刻苦钻研,不断进取,提高技能

钻研业务、提高技能不仅要有正确的动机和目的、良好的愿望和坚强的毅力,还要有正确的方法和刻苦钻研不断进取的精神。旅游业作为一个综合性的现代行业,由于部门众多,涉及面广,服务要求高,所以每个岗位和工种的业务知识含量都很丰富,专业技能的复杂程度也各有不同。但任何一门知识和技能都是经过长期积累才逐步形成并不断发展的。因此,要学习和掌握好它们就需要坚强的意志,勤奋学习,刻苦钻研,才能掌握过硬的本领,提高服务技能。

上例中的于柏林就是一个典型的代表。他本着强烈的职业责任感和崇高的职业理想,在工作中,刻苦钻研业务知识,不断进取,才使他的业务技能不断地提高,让外国客人从历史和现实的角度全面地了解中国,维护了我国的形象。

学以致用,将自己学到的知识运用在旅游职业活动中,并且做到服务工作精益求精,才能使知识和技能发挥作用。旅游从业人员对服务技术技能要做到熟练精湛,对工作细致负责,要有不断进取、创造求新的精神。

本章小结

本章阐明了旅游职业道德规范的含义与要求。旅游职业道德规范有:热情友好、宾客至上;真诚公道、信誉第一;文明礼貌、优质服务;不卑不亢、一视同仁;团结协作、顾全大局;遵纪守法、廉洁奉公;钻研业务、提高技能。

相关链接

导游心语(歌词)

何绍宣

(一)

山一程,水一程,
山水相依人同行。
江山无语凭人说,
我引游客入佳境。
"高山流水"——我的智慧,

"大江东去"——我的激情。
山水因我而生动,
旅途一路伴春风。

(二)

山有情,水有情
山水因人情更浓。

祖国处处皆胜境，　　　　　　　草原辽阔——我的心胸。

我为游客送真诚。　　　　　　　朋友因我而感动，

蓝天清澈——我的淳朴，　　　　和谐尽在旅途中。

（资料来源:《中国旅游报》2007 年 5 月 25 日,第 6 版）

案例分析

完好的香皂

饭店 728 房间是某公司李先生的长期包房。服务员小明在每次为其清洁房间时,发现李先生的香皂总是完好如初地摆在那里,但派入房间的小瓶沐浴露和洗发液用得却很快,经常要求补充。在客人闲暇时,小明向客人询问为什么不使用香皂时,得知李先生对香皂过敏。小明便把客人的需求情况汇报给经理。此时,饭店正在改进客用品的制作及配置标准,根据发展潮流,饭店取消了小瓶沐浴露和洗发液,采取固定在卫生间墙壁上的瓶装"三合一"沐浴洗发液的服务方式。小明在清洁房间完毕后,特意为客人在面盆旁边多派了一瓶"三合一"沐浴洗发液,以备客人取用,客人对服务员的细心,非常满意,并且指定小明长期为他做房间卫生。

分析:

美国乔治亚希尔顿饭店的一位高级管理员说:"一所最佳饭店,绝不是它的楼体设计、造型和陈设,也不是它的客房床具和餐厅食品,而是那些精心、细心,使客人有一种舒适、安全和宾至如归之感的服务员。这是成为一所最佳饭店的秘密,这个秘密会使饭店成为同行业中的强者并享有盛名。"服务员小明的做法值得提倡,作为一名合格的服务员就应该学会细心观察客人的生活习惯,并根据客人的需求,提供令客人满意的个性化服务。

（资料来源:侣海岩.饭店与物业服务案例解析[M].北京:旅游教育出版社,2003:84.）

复习思考题

1."真诚公道、信誉第一"的具体要求有哪些?

2."钻研业务、提高技能"包括哪些具体要求? 旅游从业人员该怎样去做?

3.在服务工作中,怎样做到"标准化服务"与"个性化服务"相结合?

4.结合我国的旅游现状,谈一谈"遵纪守法、廉洁奉公"的重要性。

第 **4** 章
导游人员的素质与行为规范

【本章导读】

导游人员是直接为广大旅游者提供全方位服务的专业人员,导游服务要以使旅游者满意为主要目标。为此,导游人员必须具有思想素质过硬、语言过硬和业务过硬的本领,在服务中规范自己的言行,养成良好的职业习惯。

【关键词】

导游　素质　规范

案例导入

一天,小高夫妇等几位游客行程结束回到 A 市,一下火车就来到旅行社,他们强烈抗议导游员的所作所为,要求旅行社赔偿其经济损失和对导游进行处分。事情的经过是这样的:小高夫妇等几位游客参加了 A 市旅行社组织的某地五日游。游客抵达目的地后,地方接待社乙旅行社并未按旅游计划表执行,他们对游览活动的安排及当地导游员的讲解等很有意见,时常当着大家的面向地陪提意见。为此,地陪心里憋着一股气。以后,双方矛盾日趋激化。一天,由于小高夫妇等几位游客在购物时过了集合时间,于是,地陪采取"报复"手段,擅自让旅游车开走,致使他们只能报警……有这种行为的人根本就不配做一名导游员,如此职业道德应该受到谴责。

(资料来源:蒋炳辉.旅游案例分析与启示[M].北京:中国旅游出版社,2003:164.)

4.1　导游人员的素质

导游工作是一项综合性很强的工作,不仅工作范围广,而且责任重大,具有接触面广、流动性大、传递信息快等特点,是旅游业面向世界的窗口。导游人员的服务质量是旅游业的生命线,是一种民族精神和国格的外在体现,其服务质量的好坏,将直接影响旅游业的声誉,影响客源的多少和行业的兴衰,而且会影响

一个国家或一个地区的对外形象。有人曾经说过这样的话,作为导游员,应该肩挑四"千"斤:"千"方百计、"千"言万语、"千"山万水、"千"辛万苦。"千"方百计意味着碰到各种问题能灵活处理,善于与人打交道,有较强的独立工作能力;"千"言万语是指能说会道,有良好的语言表达能力,善于做对方的工作;"千"山万水是指身体健壮不怕跋山涉水;"千"辛万苦是指工作中不怕苦,不怕累,任劳任怨。这四"千"斤很形象地概括了导游工作对从业人员的素质要求。

4.1.1　思想进步,品德高尚

德国哲学家康德说过:"在这个世界上,唯有两样东西深深地震撼着我们的心灵:一是我们头上灿烂的星空,一是我们内心崇高的道德。"百行德为先。可见,在任何国家、任何时代,人的道德品质永远是处于最重要的位置。导游人员的思想品德主要表现在如下几个方面:

1)热爱祖国、热爱社会主义

导游员必须首先是一个爱国者。只有爱国,才会对自己的祖国有深刻的了解,才会以自己热情的导游感染旅游者。热爱祖国是中国的合格导游人员的首要条件。因为,导游讲解的基本内容是向旅游者介绍祖国的大好河山、悠久历史和灿烂文化,而且还要用自己的真情实感感染旅游者,使他们深切地感受到祖国山河的壮美、文化的丰厚和人民的智慧。作为导游人员,必须拥护社会主义制度,特别是在接待海外旅游者时,导游人员就是国家对外形象的"窗口",如果在其进行导游活动时,有损害国家利益、社会制度和民族尊严的言行,所产生的影响是极其恶劣的。所以,导游人员要以自己的一言一行来维护国家利益和民族尊严,把热爱祖国、热爱社会主义化为工作的动力。

2)优秀的道德品质

导游员的道德品质首先体现在职业道德上。全心全意为旅游者服务的思想和"宾客至上"、"服务至上"的服务宗旨是导游员职业道德的主要内涵。导游人员要发扬全心全意为人民服务的精神,并把这一精神与旅游服务宗旨紧密结合起来,想旅游者所想,急旅游者所急,使他们高兴而来,尽兴而去。只有把旅游者看成是"客人"、"朋友"、"亲人",才能主动、热情地为国内外旅游者服务,做好本职工作。

3)高尚的情操

情操是以某一或某类事物为中心的一种复杂的、有组织的情感倾向,如爱国心、求知欲等。

导游人员必须具有高尚的情操。导游人员要不断地学习,提高思想政治觉悟,努力使个人的功利追求与国家利益融合起来;培养自我控制的能力,自觉抵制腐朽思想的侵蚀,抵制形形色色的物质诱惑和精神污染,力争做到"财贿不足以动其心,爵禄不足以移其志",始终保持高尚的情操。

4)热爱本职工作

导游工作是一项传播文化、促进友谊的服务性工作,导游人员在为八方来客提供旅游服务时,不但可以结交朋友,还可以增长见识,开阔视野。只有热爱本职工作,忠于职守,才能从导游服务中感到乐趣,激发起自己的服务热情和服务的主动性、创造性,热忱地为游客提供最优秀的导游服务。因此,热爱本职工作、忠于职守是搞好本职工作的精神支柱。

5)遵纪守法

遵纪守法是每一个公民的义务。由于导游工作涉及的方针政策很多,影响面大,遵纪守法就更为重要。作为旅行社代表的导游人员尤其应树立高度的法纪观念,必须自觉遵守国家的法律、法令,自觉地执行旅游行业和所在旅行社的各项规章制度,遵守旅游行业的纪律,执行导游服务质量标准,严守国家机密和商业秘密,维护国家和旅行社的利益。

4.1.2　涉猎广泛,知识全面

由于导游职业的特点,导游讲解必须以渊博的知识做基础,要言之有物,丰富多彩,要有感而发,不胡编乱造。这就要求导游人员必须具有较好的文化素质,厚今博古,否则很难成为优秀的导游人员。因此,丰富的知识是搞好导游工作的前提。归纳起来,导游人员必须掌握以下几方面的知识:

1)语言知识

语言知识是导游人员在导游服务中不可缺少的基本知识,是导游人员最重要的服务工具。如果导游人员没有过硬的语言能力和扎实的语言功底,就不可能顺利地进行文化交流,也就不能做好讲解服务。导游语言除会讲普通话、地方语外,还要会用外语。导游语言主要通过导游员口头表达来体现导游服务。因此,导游员的口头表达必须做到表达流畅、口齿清楚、声音洪亮、中心突出、形象生动、幽默风趣。

2)文史知识

文史知识的范围很广,主要包括历史、地理、宗教、民族、民俗风情、风物特产、文学、艺术、园林、建筑等方面的知识。这些知识是导游讲解的素材,是导游人员的看家本领。导游人员作为国家的文化大使,要不断努力学习,力争使自己上知天文、下知地理,大到气壮山河的战争风云,小至修身养性、吹拉弹唱、花鸟鱼虫;要对有关景点的风景名胜、风土人情、历史典故、民间传说、趣闻轶事了如指掌;要把各个领域、各个学科的知识融会贯通、灵活运用,成为导游特有的集成体系,才能应对各种旅游团体,提供各项服务。因此,导游员必须不断扩大自己的知识面和信息量,不断提高自己的文化素养、艺术素养,以适应旅游业发展的需要。

3)政策法规知识

导游服务工作是一项政策性很强的工作,所以,政策法规知识也是导游人员应该具备的知识。这是因为法治社会需要人人都必须学法、懂法、守法。政策法规是导游人员工作的指针,也是导游人员处理问题的锐利武器。导游人员在导游讲解、回答游客对有关问题的问询或同游客讨论有关问题时,必须以国家的方针政策和法规作指导,要善于用法律武器保护游客及自己的合法权益;对旅游活动中出现的各种问题或突发事件,导游人员必须在准确理解有关法律法规的基础上予以正确处理;同时,导游人员自身的言行更要符合国家政策法规的要求。总之,导游人员必须牢记国家的现行方针政策,掌握有关的法律法规知识,了解外国游客在中国的法律地位以及他们的权利和义务。只有这样,才能正确地处理各种问题,做到有理、有利、有节,导游人员自己也可少犯或不犯错误。同时,导游人员还要宣传我国的国家政策和法律,让世界了解中国。

4)心理学和美学知识

导游人员的工作对象主要是形形色色的游客,而且往往是与之短暂相处;除此之外还要与各旅游服务部门的工作人员打交道,因而掌握必要的心理学知识具有特殊的重要性。导游人员只有随时了解游客的心理活动,才能有的放矢地做好导游讲解和旅途生活服务工作,才能根据旅游者的不同心态,有针对性地提供一些心理服务,从而使游客在心理上得到满足,在精神上获得享受。导游人员要掌握的心理知识主要包括导游员服务心理、游客心理、消费心理。

旅游活动是一项综合性的审美活动。导游人员的责任不仅要向游客传播知识,也要传递美的信息,让游客自觉、全面地进行观赏,获得最大的美的享受。艺术大师罗丹说过:"美到处存在,对于我们的眼睛不是缺乏美,而是缺乏发现。"

作为一名导游人员,既是审美信息的传递者和审美行为的调节者,同时也是旅游者的审美对象,他不仅要懂得什么是美,美在何处,还要懂得如何审美,善于用生动形象的语言向不同审美情趣的游客介绍美,同时还要用美学知识指导自己的仪容、仪态,给游客留下美的印象。

5)政治、经济、社会知识

旅游既是一种经济现象,也是一种社会现象,这就需要导游人员具备一定的政治、经济、社会知识。由于旅游者来自不同的国家,不同的社会阶层,有些游客可能对旅游目的地的某些政治、经济和社会问题比较关注,同时,在旅游活动中,旅游者会针对随时可能见到或听到的目的地的某些社会现象要求导游人员给以相应的解释。所以,导游人员要了解国家的政治、经济体制,关心国家和国际形势,熟悉社会知识,其中包括风土民情、婚丧嫁娶习俗、禁忌习俗、宗教信仰情况、社会生活以及当前的热门话题等。

6)国际知识

导游人员还应掌握必要的国际知识,要了解国际形势和各时期国际上的热点问题,以及中国的外交政策和对有关国际问题的态度;要熟悉客源国或旅游接待国的概况,尤其是客源国的历史、地理、文化、民族、风土民情、宗教信仰、礼俗禁忌、思维方式等。导游人员了解和熟悉这些情况就能有的放矢地提供优质服务,避免唐突之举,而且还能加强与游客的沟通,使他们意识到在异国他乡旅游,不可能事事都与自己的家乡相同,对难免出现的一些不愉快的地方给以理解和谅解。

7)旅行知识

导游人员掌握一定的旅行知识,对旅游活动的顺利进行显得十分重要。旅行知识有交通知识、通信知识、货币知识、保险知识、卫生防疫知识、生活常识、旅游业务知识等。

4.1.3　较强的独立工作能力和创新精神

导游工作具有独立性的特点,因此对导游人员来说,独立工作能力和创新精神就显得尤为重要。主要表现在以下4个方面:

1)独立执行政策和独立进行宣传讲解的能力

导游人员必须具备高度的政策观念和法制观念,随时以国家的政策法规来指导自己的工作和言行,在导游讲解中要积极主动地宣传中国,讲解中国现行的

方针政策,介绍中国社会主义建设的伟大成就,回答旅客提出的种种问题,帮助他们尽可能全面地认识中国。

2)较强的组织协调能力、灵活的工作方法和不断创新的精神

导游人员接受了任务之后,接下来就是要根据旅游合同安排旅游活动并严格执行旅游接待计划,顺利完成工作。这就需要导游人员必须要有较强的组织能力和协调能力,在安排旅游活动时有较强的针对性并留有余地,在组织各项活动时讲究工作的方式方法并随时掌握情况,灵活地采取相应的有效措施。

3)善于与各种人打交道的能力

导游工作的性质决定了其对象极为广泛,人际关系比较复杂,善于与各种人打交道是导游人员最重要的素质之一。与层次不同、品质各异、性格相左的各种人打交道,要求导游人员应是一个活泼型、外向型的人,是一个精力充沛、情绪饱满的人,是一个有爱心、有礼貌、真诚、幽默的人,是一个有能力解决问题并让人信赖的人。导游人员还必须掌握一定的公共关系学知识并熟练运用于工作之中,只有这样,才能提高其导游服务质量。

4)独立分析问题、解决问题和处理突发事件的应变能力

沉着、果断、正确地处理意外事故是导游人员最重要的能力之一。因为在旅游活动过程中各种突发的事件或事故在所难免,能沉着冷静、果断处理是优秀导游素质的表现。导游人员只有具备独立分析问题、解决问题和处理突发事件的应变能力,才能化解旅游活动中产生的矛盾,妥善处理有关问题或事故。

4.1.4 熟练的专业技能

导游服务不仅是一门学问,而且还是一门艺术。在带团过程中善于运用各种方法和技巧,是导游人员成功的因素和必备的基本素质之一。导游人员的服务技能主要有以下几方面:

1)智力技能

(1)带团的技能

导游人员的带团技能就是导游人员根据旅游团(者)的整体需要和不同旅游者的个别需要,熟练运用能提高旅游产品使用价值的方式、方法及其能力。带团技能贯穿于旅游活动的全过程之中,其高低直接影响到导游服务的效果。为此,要求导游人员做到以下几方面:

①掌握导游服务程序。

②树立良好形象。重视"第一印象"(包括仪容、仪态和语言),多干实事,不说空话、大话,多与旅游者沟通。

③在带团过程中搞好与其他成员的关系,互相尊重,互相支持,尽量避免正面冲突。

④尽可能地为游客多提供个性化服务,适时向游客提供心理服务,尊重游客,保持微笑服务,使用柔性语言,与游客建立"伙伴关系",处处做到为游客提供超常服务。

⑤注意激发游客的审美情趣,传递美的信息,保持良好状态。

⑥注意调节游客的情绪和心态,让他们情绪高昂,保持一路欢歌。

⑦处理好强和弱的关系、多数和少数的关系、劳和逸的关系等诸多矛盾关系。

(2)安排参观游览活动的技能

导游人员在安排参观游览活动时要尽量不雷同,点面结合,兼顾参观、游览、娱乐、购物和休息,力争使旅游者的各方面要求都得到最大限度的满足。

(3)语言技能

语言是人类的灵魂,是导游人员最重要的基本功之一,是导游服务的沟通交流工具,而正确、优美、得体的语言表达能力对提高导游服务质量至关重要。要成为一名优秀的导游员,在运用语言时须遵循导游语言"四原则"并尊重导游语言八要素。

①导游语言"四原则",即正确、清楚、生动和灵活。

②导游语言的八要素,即言之有物、言之有据、言之有理、言之有情、言之有礼、言之有神、言之有趣和言之有喻。

(4)导游技能

在游览过程中要求有张有弛、劳逸结合、有急有缓、快慢相宜,将"导"与"游"有效地结合起来。

(5)导游讲解技能

导游讲解就是导游人员以丰富多彩的社会生活和璀璨壮丽的自然美景为题材,以文化层次参差、兴趣爱好不同、审美情趣各异的旅游者为对象,对自己掌握的各类知识进行整理、加工和提炼,用简洁明快的语言进行的一种意境的再创造。导游服务是一门艺术,它集表演艺术、语言艺术和综合艺术于一身,集中体现在导游讲解之中。

①导游原则。导游人员在导游活动中必须遵循的导游原则是:以客观现实为依托的原则、针对性原则和灵活性原则。

②导游方法。导游方法和技巧很多,主要有分段讲解法、突出重点法、"虚""实"结合法、触景生情法、问答法、制造悬念法、类比法、画龙点睛法等 8 种方法。

(6)应急技能

在旅游活动中,当突发事件或事故发生时,不管责任在谁,导游人员都必须全力以赴、认真对待,及时果断、合情、合理、合法地进行处理。

(7)处理客人要求及投诉的技能

面对客人提出的个别要求及投诉时,导游人员处理的原则是"一个标准,两种方式"。一个标准即合理而可能。两种方式即一是认真倾听、耐心解释;二是尊重游客、不卑不亢。

2)操作技能

导游人员在旅游活动中为游客提供的各项服务必须达到《导游服务质量(国家标准)》《旅行社国内旅游服务质量》《旅行社出境旅游服务质量》所规定的标准以及与旅游者约定的标准。

4.1.5　竞争意识和进取精神

导游人员敢字当头、奋力竞争、自强不息、不懈追求、积极进取的心理状态,是导游人员竞争意识和进取精神的重要组成部分,是竞争、进取型导游人员精神风貌的特征之一。竞争意识和进取精神会激发导游人员保持旺盛的求知欲和强烈的好奇心,从而调节他们的兴趣、情感和意志品质,达到最佳状态,使他们的创造性、聪明才智得以充分发挥,保持事业上的青春活力。一般地讲,有所作为和无所作为的导游人员的重要分界线就在于竞争意识和进取精神的有与无。

竞争是各方通过一定的活动来施展自己的能力,为达到各方共同的目的而各自所作的努力,并产生优胜劣汰的结果。进取,首先是"进",其次是"取",进为进步,取为懂得取舍,舍短取长。

有竞争才会有进步。在充满竞争和快节奏的现代社会,要求人们具有较强的应变能力和适应本领。导游人员要适应充满竞争和快节奏的现代社会,应从以下几个方面培养竞争意识和进取精神:

1)建立高层次的需要和动机体系

高层次的动力机制会保证导游人员强烈的事业心、使命感和高水平的抱负,有利于竞争意识和进取精神的激发。

2）克服社会惯性心理

在现实社会中,中庸、守旧、安于现状等惰性心理比较多,只有敢于突破这些惯性心理,才能不断进取,敢于有所作为。

3）提高心理承受能力

由于旧的习俗干扰,竞争意识和进取精神强的导游人员往往不被理解。导游人员要有不为世俗所干扰的勇气,通过导游实践活动,扬长避短地施展自己的能力,才能获得特色鲜明的优质服务。

4.1.6 身心健康

导游工作是一项高智能的服务工作,既是一项脑力劳动,又是一项体力劳动。它工作量大而面广,流动性和重复性强,由于各地气候条件、生活习俗不同,工作对象复杂,诱惑性大,因此,导游人员必须是一个身心健康的人。身心健康包括身体健康、心理平衡、头脑冷静和思想健康4个方面。

1）身体健康

身体健康即良好的身体素质。导游人员从事的工作要求他能走路,会爬山,能连续不断地工作;全陪导游人员、地陪导游人员和旅游团领队要陪同旅游团周游各地,变化着的气候和各地的水土、饮食对他们都是一个严峻的考验。因此,导游人员必须拥有强健的体魄,才能适应导游工作的艰苦性。在加强体育锻炼、增强自身体质的同时,导游员也应当学会善待自己的身体,注意自我保健。在工作中,导游人员要及时调整工作频率,在保证完成旅游接待计划、满足游客需要的前提下调节自己的休息和能量补充,尽量减少疲劳状态下的工作时间和次数,不要忽视对疾病的预防。

2）心理平衡

导游人员的工作性质决定了作为一名服务人员必须具备一定的职业心理素质,有一定的心理承受能力。导游人员的心理素质主要指善于掌握和调节旅游者心理情绪的能力和自身良好的意志品质两个方面。对导游员来说,心胸开朗、性格外向、办事利索、遇事冷静、善解人意、幽默风趣等都是十分宝贵的个性心理素质。因此,导游人员要有热情、诚恳、开朗、独立的性格,在游客面前应显示出良好的精神状态,始终保持不受任何外来因素的影响,这样才能建立起良好的人际关系,在工作中保持最佳的工作状态,使旅游者感到亲切,乐于接受服务。

3) 头脑冷静

在旅游过程中,各种意外事件是会经常发生的,有时来自游客,有时来自导游集体内部,有时来自团队之外,有时意想不到并且是自己或旅行社都无法预测和控制的。因此,冷静是导游人员理性心理品质的一个重要方面,听取游客的投诉,观察旅游者的动向,处理旅游活动过程中的各种问题,都需要冷静。当然,导游人员的冷静不是冷漠,没有热情。具体来说,导游人员应始终保持清醒的头脑,处事沉着、冷静、有条不紊;处理各方面关系时要机智、灵活、友好协作;处理突发事件以及游客的挑剔、投诉时要干脆利索,要合情、合理、合法。特别是在与游客的交往中产生分歧、矛盾时,要善于控制自己的情绪,要有自制力。

4) 思想健康

由于导游工作具有较强的独立性、分散性、流动性,缺少别人的监督,在与各种不同旅游者特别是外国旅游者打交道中,各种问题、各种诱惑都会存在。作为一个合格的导游人员应具有高尚的情操和很强的自制力,抵制形形色色的诱惑,清除各种腐朽思想的污染,把好的、积极的、健康的思想传递给游客。

4.1.7 端庄的仪容、仪表

仪容是指导游人员的容貌;仪表是指导游人员的外表,包括容貌、姿态、服饰等方面,是导游人员精神面貌的外观体现,它与导游人员的生活情趣、思想修养、道德品质和文明程度密切相关。导游人员作为形象大使,要保持与其行业特点、企业形象相一致的仪容、仪表和仪态。

导游人员在游客面前的仪容、仪表要求是:

①容貌修饰上要得体,要与自己的年龄、身份、性别相称,不能引起游客的反感,要体现出导游人员的精神风貌。

②仪表要求导游人员的着装要整洁端庄,符合导游人员的身份,并追求风格的和谐统一。切忌穿奇装异服,或一味追求高档名牌服装,哗众取宠。必须将导游胸卡和工作证佩戴在胸前,以表明自己导游人员的身份。

③导游人员的仪表应清新、高雅,保持端庄优美的风度,精神饱满、乐观自信,自尊而不狂傲,热情而不谄媚。

④仪态要求导游人员的站、行、走有力,不矫揉造作。发型要符合身体特征和工作特点。

4.2　导游人员的职业品质

　　导游工作不仅综合性很强、任务繁重、责任重大,而且有很强的诱惑力。作为"民间大使",其职业品质如何,不仅反映着自身的文化水平和综合素质,同时也是观察一个国家或地区社会文明程度、文化背景、价值观念、道德水准的镜子。因此,要求导游人员要自觉成为具有高尚道德情操以及模范的遵纪守法的旅游工作者,成为"有理想、有道德、有文化、有纪律"的人才,这样才能完成传播中华文明、当好"民间大使"的重任。

4.2.1　真诚守信

　　所谓真诚,就是以诚待人,思想和言行一致,它要求人们对己,不口是心非,不虚伪浮夸,不掩饰错误;对人,以心换心,赤诚相待,诚实善良;对事,实事求是,踏踏实实,毫不隐瞒。所谓守信,就是信守诺言,说话算数,讲信誉,重信用,履行自己应承担的义务。可见,为人处世,做事立业,诚实守信不但是做人之本,而且也是旅游业经营之本。导游人员必须具有真诚守信的品质,无论对旅游者还是对旅行社,都必须讲求信誉,一切事情必须光明正大。导游人员应在导游工作中严格按照与游客签订的合同中的内容及标准提供服务,不应以任何方式收取额外费用或克扣游客;不得背着旅行社同旅游者、旅游中间商或其他旅行社做私下交易;不应做假账,虚报各种开支,也不能欺骗旅游者,损害旅游者的利益;不得讲有关他所服务的旅行社或旅游者的坏话。同时,要重承诺,守信誉,做到"言必信,行必果",以诚服人。美国一家旅行社在其广告中承诺:"四方旅行社保证每次旅游都有合格的专业旅游领队陪同,我们的领队是经过精心挑选并训练有素的,您的四方旅行社喷气飞机旅游是一次有陪同的旅游,从您起程到您旅游结束一直都有四方旅行社精选的陪同人员照料。"一位女士买了四方旅行社的南美洲旅游产品,在巴西旅游期间,这位游客不慎失足掉进亚马孙河。虽然这是一起意外事故,并且此船不归四方旅行社所有,导游也不是四方旅行社的雇员,女士回国后还是控告了四方旅行社。法庭裁定:广告宣传使这女士相信了四方旅行社会负责整个旅程,最后由四方旅行社向她赔偿了数万美元的损失。这一故事告诉我们:诚信乃导游服务之根本。

　　时值美丽的秋日,红叶谷将"大实惠超级市场"的员工吸引到了"红叶度假

村"。在旅行社的精心安排下,全天的活动紧张有序,大家非常开心。当天晚上,当大家兴致勃勃地从红叶谷回来用餐时,一位员工发现餐厅所上菜肴中有一条虫子。顿时一桌游客食欲全无,有的还感到恶心。游客们当即找到此次旅游活动的全陪导游小李,气愤地说:"马上给我们大家换家餐馆用餐。"面对愤怒的游客,导游员小李首先代表旅行社和饭店向全体游客表示歉意,然后很快找来该饭店餐饮部经理,向他反映了情况,并提出解决问题的建议。餐饮部经理代表饭店向游客诚恳道歉,同时,让服务员迅速撤走了这盘菜,为了表示歉意,还给游客加了一道当地风味特色菜。面对导游员小李和餐饮部经理真诚、积极的态度,游客们谅解了饭店餐厅的失误,也不再提出换餐馆的要求了。

(资料来源:李婳,王哲.导游服务案例精选分析[M].北京:旅游教育出版社,2007:25.)

导游员小李面对比较棘手的事情,能够从大局出发,安抚客人,做到真诚待人,在她与餐厅的积极态度和共同努力下,未使事态扩大,平息了游客的不满情绪。应该说,是他的真诚打动了客人。

4.2.2　气度不凡

气度既是导游人员的待客之道,也是导游人员应具备的基本品德,它体现了导游人员的一种高雅的情操。

导游人员在服务中要做到气度不凡,首先要在服务中做到热情,有分寸。导游人员在工作中要快乐活泼,不轻浮;要幽默风趣,不"油滑";待人热情坦诚,有节制;与人亲密相处,讲原则。二是要在服务中做到谦虚,不虚伪。导游人员在工作中要谦虚随和坦诚,但不是谦卑、献媚,更不是虚情假意和虚伪。三是要在服务中做到老练,不世故。老练是导游人员成熟的标志,老练要靠知识和经验的长期积累。一个老练的导游人员在服务中要热情严肃谨慎,不轻浮拘谨怯懦,能在适当的场合恰当地展示自己,不自我吹嘘、狂妄自大,办事干练得体、落落大方,不圆滑世故。四是忍耐宽容,讲原则。忍耐宽容是君子之风。忍耐的关键是冷静,处事沉着果断;宽容是自信、能力的表现,绝不是怯弱;宽容,要理解为上,善解人意,同情别人的不幸,关心别人的难处,体谅别人的苦衷。忍耐宽容,要做到严于律己,宽以待人,但不是无原则的一味迁就和姑息养奸。五是自尊,不贬人。导游人员在服务中做到自尊自爱的同时也要尊重别人,要尊重他人的人格和自尊心,尊重他人的合法权益,尤其是老弱病残者和妇女儿童。

1998 年夏天,黄先生作为全陪带一个美国旅游团在中国旅游,到西安时,传来美国导弹炸毁我驻南联盟大使馆的消息。西安群众群情激奋,举行了大规模抗议美军暴行的游行。黄先生所带的美国游客十分担心,躲在宾馆不敢外出。黄先生耐心安慰美国游客,向他们解释,中国人民抗议的是美军暴行,是极少数的美国政界的极端反华分子,而对美国人民,中国人民是友好的。黄先生还讲了中美军民在滇缅战场抗击日军的故事,讲了"飞虎队"的光辉壮举。这样逐渐打消了美国游客的顾虑,直至美国客人回国,黄先生都十分周到地为他们服务。黄先生的良好职业品质,让美国客人十分感动,回国后,有许多客人都写信向黄先生表示感谢,还热情邀请黄先生到美国旅游。

(资料来源:周利兴,韦明体.旅游职业道德专题讲座[M].昆明:云南大学出版社,2005:86.)

一视同仁、热情大度是导游员难能可贵的道德品质。导游员作为形象大使,肩负与世界各国人民进行交流的使命,要热情对待各国游客,坚持"来者是客",热情接待。

4.2.3 耐心细致

耐心细致是导游人员最重要的职业品质之一,是衡量导游人员工作态度和工作责任心的一项重要指标。导游人员在服务中要做到耐心细致,在于认真缜密地把握细节,把对旅游者、对工作的责任心落实在服务工作的每一个环节和每一处细节中,实事求是,一丝不苟,哪怕是最细微的地方也不轻易放过,以确保细致缜密的服务效果。导游人员在服务中要做到耐心细致,在于关注细节。在接待服务中对旅游者的情况,从身体到精神,从外在的需求到内心的感受,要自始至终的予以关注,要耐心,关照体贴入微。实践证明,导游人员带团成功的重要因素,就是在接待服务中时刻关注旅游者的细节经验,对旅游者的服务努力做到无微不至。

杨申是北京神州国旅的外联兼导游员,曾经参加过韩国残疾人"坐轮椅游北京"访华团的接待工作。他认为:促成这件影响巨大的旅游活动的关键条件是对接待细节的成功处理。杨申说:"那是一件很偶然的事情,我社接到一份传真,询问'北京是否有接待轮椅客人的带有升降梯的专用车,是否有适合轮椅客人住宿的饭店'。我对此进行了专门的调查:北京博爱医院有一台带有升降梯的残疾人专用车,港澳中心瑞士饭店有一层残疾人专用的房间。解决了车和饭店的问题以后,我们给韩方发了一份十分详细的旅行策划书。不仅介绍了景点游览的线路安排,台阶多少,卫生间的位置和条件,残疾人专用道等情况,而且说明了专用车的出厂日期、座位数目、轮椅摆放的形式、升降梯的功能,以及饭店的宽度、卫生间扶手的位置、浴盆的高度,所有这些都配有照片,欢迎他们来北京考察。韩方人员在北京进行了认真考察后表示满意,回国后立即登广告组织客人,一个特殊的韩国旅游团不久就来到了中国。韩国残疾旅游者在北京受到了我社导游员的热情接待和无微不至的关怀,他们游览了名胜古迹,品尝了中国菜肴,领略了风土人情,了解了中国的残疾人政策和残疾人的生活。客人们对这次旅游活动非常满意,许多人回国后纷纷在报刊上发表感想,介绍自己的中国之行,我们的筹备和接待活动获得了很大成功。事后韩方说,当时给中国的几十家旅行社发了传真,回答基本都是'没有残疾人专用车,没有接待大型轮椅旅游团的能力',只有你们不但回答了问题,而且最终成行了。这家客户从此和我社建立了稳定的业务关系。"

(资料来源:周利兴,韦明体.旅游职业道德专题讲座[M].昆明:云南大学出版社,2005:48.)

杨申的成功在于认真缜密地把握细节,他把对客人、对工作的责任心和使命感逐一落实在接待工作的每一个环节和每一处细节中,实事求是,一丝不苟,哪怕是最细微的地方也不轻易放过,以保证万无一失的效果。

4.2.4 端庄豁达

端庄豁达是导游人员的外在气质。导游人员端庄的自身美在传播中华文明、树立自己良好形象方面起着重要作用。导游人员的衣着打扮要适合身份,方便工作;要适合自己的身体特征和年龄,要显示出自己的追求和风格,力求烘托出自己独特的气质、风度和形象;衣着要整洁、大方、自然,佩戴的饰物要适度,不浓妆艳抹;在日常的生活中养成良好的习惯,随时注意保持自己良好的形象。

导游人员要将热情周到的服务贯穿于整个导游服务过程中,不管旅游者对导游人员有何想法和看法,导游人员都不要抱怨,要豁达大度、始终如一地为旅游者着想,关心他们并为他们排忧解难,使旅游者在接受服务中获得舒心、满意之感。

和许多导游员曾经经历过的一样,吴小姐也遇上了这样的事情。"那是一个炎热的夏天,我带一户华裔日本家庭在北京游览。他们一行4人,其中有中年夫妇两人,一位年过六旬的老太太和一个5岁的男孩。我在整个接待过程中,认真讲解,热情服务,照顾老人和孩子,一直是尽职尽责的,和这一家人一直相处得很好。第三天,社里通知我,这户人家的一位中国朋友明天要和他们一起游览观光。第二天的早上,新客人来了,这是一位身高192厘米的先生,我向他问好并表示欢迎。寒暄之后我了解到他是一位专业运动员,下午游览之后还要乘火车回队训练。这位先生背着一个硕大的背包,我劝他把包存放在饭店,这样方便游览观光,但是他没有同意。在上午的游览过程中,我曾经3次试着要求替那位先生背背包,他对我表示感谢,但都没有同意。我看了看他的包,装得很满,但仿佛并不重,他除了吃饭,几乎总是包不离身。我想,包里可能有什么贵重的东西,交给别人不方便,便不再提替他背包的事。下午游览香山,我提醒客人看好自己的东西,以防丢失。游览中,我发现这位客人的精神较上午要差一些,背上的包显然也沉了许多,但还是有说有笑,我犹豫再三,终于没有再提背包的事。这件事情就这样过去了。送客人的时候,我向他们做了真诚的道别,正转身要走的时候,这家的主妇叫住了我,她脸上的冷漠表情是我第一次见到。我以为发生了什么事情,正要询问,只听她说:'吴小姐,这几天你对我们一家人的接待服务很周到,我和我先生很感激你对我的母亲和孩子的照顾。但是,那天你让我的朋友背着那么重的背包爬香山,后来影响了他的训练。'说着,她拿出一个信封,在手上拍了拍:'这是原来准备给你的小费,现在看来就不必了吧。'说罢扬长而去。当时,我的心里真像是倒了五味瓶,那滋味无法形容。可是事后我还是想明白了,那个客人对我批评是有道理的,接受和消化批评将有利于改进我的接待和服务工作。"

(资料来源:周利兴,韦明体.旅游职业道德专题讲座[M].昆明:云南大学出版社,2005:53.)

面对这种情形,作为导游员要以宽阔的心胸对待客人的抱怨和批评,任何时候都不应该忘记,自己肩负着为客人无条件提供正确引导的职责。

4.2.5　遵纪守法

遵纪守法、敬业爱岗要求导游人员必须遵守国家的法律、法令,自觉地执行旅游行业和所在旅行社的各项规章制度,遵守旅游行业的纪律,严格执行导游服务质量标准,敬业爱岗。

导游人员应自觉遵守下列禁止性规定:

①严禁嫖娼、赌博、吸毒;也不得索要、接受反动、黄色书刊画报及音像制品。

②不得套汇、炒汇,也不得以任何形式向海外游客兑换、索取外汇。

③不得向游客兜售物品或者购买游客的物品;不偷盗游客的财物。

④不能欺骗、胁迫游客消费或者与经营者串通欺骗、胁迫游客消费。

⑤不得以明示或暗示的方式向游客索要小费,不准因游客不给小费而拒绝提供服务。

⑥不得收受向游客销售商品或提供服务的经营者的财物。

⑦不得营私舞弊、假公济私。

小王是一位日语导游,一天,他接待了一批日本游客到当地旅游观光。按照国际惯例,旅游结束后,每人向小王支付了100日元,可是小王觉得太少。这批日本客人多是株式会社的社长,经济实力非常雄厚,只给这一点点小费,似乎说不过去。于是,在整个行程期间,他经常以种种暗示向游客索要小费每人200日元。此事引起了坚持原则的日本游客的强烈不满。与此同时,小王无视旅行社和宾馆的协议,以不给回扣就挑拨游客挑刺为要挟,索要宾馆回扣1 000元人民币。当此事败露后,旅游质监部门根据《导游人员管理条例》第二十三条、《旅行社质量保证金赔偿试行标准》第八条、《导游人员管理实施办法》第十六条的规定,作出如下处理:

责令旅行社双倍返还索要的小费每人400日元;责令导游员王某退还索要宾馆的回扣人民币1 000元;对导游员王某罚款人民币1 000元,并扣除导游计分6分。

(资料来源:李娌,王哲.导游服务案例精选解析[M].北京:旅游教育出版社,2007:51.)

在旅游服务过程中,导游员索要小费、私拿回扣是极其严重的违规行为。职业品质要求每位导游要按规定办事,规范自己的言行,以避免产生不良影响。

4.2.6　团队精神

旅游接待服务是由许多环节组成的综合性服务,每一个环节的服务质量如何,都会对整个接待服务产生影响。导游服务是旅游接待服务中极为重要的一环,为此,导游人员在业务工作中要发扬团队精神,履行职责,团结协作,顾全大局;要个人利益服从国家利益,局部利益服从整体利益,眼前利益服从长远利益;要发扬主人翁精神,与各接待单位和人员密切配合、互相支持。只有具有团队精神的人,才能赢得他人的尊重,才能有感召力。

小向带过一个旅游团,至今印象还很深。她说:"我带的那个团真有点儿奇怪,一路下来非常顺利,行程中的大多数景点都走遍了,就差最后一个景点——碧云寺。我们到达碧云寺山下的时候,天气很热。全陪来过此地,一路上又没有什么事情,所以就提出不上山了,要在山下停车场休息一会儿。我哪想到过了一会儿就要出事,于是就同意了。到了香山公园的门口,问题出来了,碧云寺是香山的园中之园,去碧云寺要买进香山公园的门票。这下我可是为难了,我以前带客人游碧云寺,都是连同香山一起游览,这一回的客人却只是游览碧云寺一处,然而不买香山的门票是进不了碧云寺的。让我犯难的是这笔钱应该由我们社里出还是由组团社出,或是由客人出。偏偏全陪没有上来,又联系不上。于是,我请示社里,经理不在,值班的告诉我,按计划这笔钱不该由我们社出,让我向客人收。这下可坏了,客人一听说要收钱,马上就翻脸了,说这是我们预谋的。有几个客人越说越气,指着我的鼻子破口大骂:'你知道吗? 你就是一个大骗子!'我当时委屈得眼泪直在眼眶里打转。可是为了工作的大局,我没有和客人再做分辩,而是自己先垫钱买了门票,带着客人进去游览。后来很多客人向我道了歉。但是我的心里还是很不平静,如果对方组团的时候就解决了园中园的门票问题,如果全陪跟着上来,如果我提前想到了这层门票问题,或是我从一开始就先用钱垫上门票,问题就是另一种情况了。我感到庆幸的是,我还是尽到了自己的职责。"

(资料来源:周利兴,韦明体.旅游职业道德专题讲座[M].昆明:云南大学出版社,2005:61.)

一个明智的导游员,遇到这种情况不必和客人做什么分辩,而应该先解决现场的主要问题,先安排客人进园观光,小向就是这样做的。至于企业之间如何划分责任的问题,旅行社内部怎样协调一致的问题,都不应该也没有必要当着客人的面来进行,这就叫做"内外有别"。

4.3 导游人员的行为规范

4.3.1 导游人员的行为规范

为了确保导游工作顺利完成,每个导游人员都必须有很强的法纪观念,时时处处遵纪守法。几十年来,我国旅游界不仅形成了适合我国国情和导游工作特点的导游员职业道德,也形成了一套导游人员的行为规范即约束导游人员行为而必须遵守的纪律和守则。

1）导游人员遵守行为规范的原则

（1）忠于祖国，坚持"内外有别"原则

导游人员要保守国家的机密，时时、事事以国家利益为重。带团期间，不随身携带内部文件，不向游客谈及旅行社的内部事务及旅游费用。

（2）严格按规章制度办事，执行请示汇报制度

导游人员在旅游接待过程中，应严格按照《导游人员管理条例》的有关规定和旅行社的规章制度办事，多请示、多汇报，从而避免风险。

（3）自觉地遵纪守法

导游人员要带好团队，就必须以身作则，自觉遵守禁止性规定。

（4）自尊、自爱，不失人格、国格

①导游人员不得"游而不导"，不擅离职守，不懒散松懈，不本位主义，不推诿责任。

②要关心游客，不态度冷漠，不敷衍了事，不在紧要关头临阵脱逃。

③不要与游客过分亲近；不介入旅游团内部的矛盾和纠纷；不在游客之间拨弄是非；对待游客要一视同仁，不厚此薄彼。

④谦虚谨慎，自尊自爱；待人不卑不亢，不与游客吵架、打架，不迎合个别游客的低级趣味和在讲解、介绍中掺杂庸俗下流及迷信的内容。讲解时不能吸烟、吃东西。

（5）注意小节

①不要随便单独去游客的房间，更不要单独去异性游客的房间。

②不得携带自己的亲友随旅游团活动。

③不与同性外国旅游团领队同住一室。

④饮酒量不要超过自己酒量的1/3。

2）导游人员的行为规范

为了规范导游活动，保障旅游者和导游人员的合法权益，促进旅游业的健康发展，国务院发布了《导游人员管理条例》，要求导游人员必须遵守相应的行为规范。《条例》内容如下：

（1）导游人员应遵守的行为规范

①在中华人民共和国境内从事导游活动，必须取得导游证。

取得导游资格证书的，经与旅行社订立劳动合同或者在导游服务公司登记，方可持所订立的劳动合同或者登记证明材料，向省、自治区、直辖市人民政府旅游行政部门申请领取导游证。

具有特定语种语言能力的人员,虽未取得导游资格证书,旅行社需要聘请临时从事导游活动的,由旅行社向省、自治区、直辖市人民政府旅游行政部门申请临时导游证。

②导游人员应当不断提高自身业务素质和职业技能。

③导游人员进行导游活动时,应当佩戴导游证。

导游证的有效期限为3年。导游证持有人需要在有效期满后继续从事导游活动的,应当在有效期限届满3个月前,向省、自治区、直辖市人民政府旅游行政部门申请办理换发导游证手续。

④导游人员进行导游活动,必须经旅行社委派。

导游人员不得私自承揽或者以其他任何方式直接承揽导游业务,进行导游活动。

⑤导游人员进行导游活动时,其人格尊严应当受到尊重,其人身安全不受侵犯。导游人员有权拒绝旅游者提出的侮辱其人格尊严或者违反其职业道德的不合理要求。

⑥导游人员进行导游活动时,应当自觉维护国家利益和民族尊严,不得有损害国家利益和民族尊严的言行。

⑦导游人员进行导游活动时,应当遵守职业道德,着装整洁,礼貌待人,尊重旅游者的宗教信仰、民族风俗和生活习惯。应当向旅游者讲解旅游地点的人文和自然情况,介绍风土人情和习俗,但是,不得迎合个别旅游者的低级趣味,在讲解、介绍中掺杂庸俗下流的内容。

⑧导游人员应当严格按照旅行社确定的接待计划,安排旅游者的旅行、游览活动,不得擅自增加、减少旅游项目或者中止导游活动。导游人员在引导旅游者旅行、游览过程中,遇有可能危及旅游者人身安全的紧急情形时,经征得多数旅游者的同意,可以调整或者变更接待计划,但是应当立即报告旅行社。

⑨导游人员在引导旅游者旅行、游览过程中,应当就可能发生危及旅游者人身、财物安全的情况,向旅游者作出真实说明和明确警示,并按照旅行社的要求采取防止危害发生的措施。

⑩导游人员进行导游活动,不得向旅游者兜售物品或者购买旅游者的物品,不得以明示或暗示的方式向旅游者索要小费;不得欺骗、胁迫旅游者消费或者与经营者串通欺骗、胁迫旅游者消费。

(2)导游人员违反行为规范的处罚规定

①无导游证进行导游活动的,由旅游行政部门责令改正并予以公告,处1 000元以上3万元以下的罚款;有违法所得的,并处没收违法所得。

②导游人员未经旅行社委派、私自承揽或者以其他任何方式直接承揽导游业务,进行导游活动的,由旅游行政部门责令改正,处 1 000 元以上 3 万元以下的罚款;有违法所得的,并处没收违法所得;情节严重的,由省、自治区、直辖市人民政府旅游行政部门吊销导游证并予以公告。

③导游人员进行导游活动时,有损害国家利益和民族尊严的言行,由旅游行政部门责令改正;情节严重的,由省、自治区、直辖市人民政府旅游行政部门吊销导游证并予以公告;对该导游人员所在旅行社给予警告直至责令停业整顿。

④导游人员进行导游活动时未佩戴导游证的,由旅游行政部门责令改正;拒不改正的处 500 元以下的罚款。

⑤导游人员有擅自增加或者减少旅游项目的,擅自变更接待计划的,擅自中止导游活动等情形之一的,由旅游行政部门责令改正,暂扣导游证 3 ~ 6 个月;情节严重的,由省、自治区、直辖市人民政府旅游行政部门吊销导游证并予以公告。

⑥导游人员进行导游活动,向旅游者兜售物品或者购买旅游者的物品的,或者以明示或暗示的方式向旅游者索要小费的,由旅游行政部门责令改正,处 1 000 元以上 3 万元以下的罚款;有违法所得的,并处没收违法所得;情节严重的,由省、自治区、直辖市人民政府旅游行政部门吊销导游证并予以公告;对委派该导游人员的旅行社给予警告直至责令停业整顿。

⑦导游人员进行导游活动,欺骗、胁迫旅游者消费的或者与经营者串通欺骗、胁迫旅游者消费的,由旅游行政部门责令改正,处 1 000 元以上 3 万元以下的罚款;有违法所得的,并处没收违法所得;情节严重的,由省、自治区、直辖市人民政府旅游行政部门吊销导游证并予以公告;对委派该导游人员的旅行社给予警告直至责令停业整顿;构成犯罪的,依法追究刑事责任。

4.3.2 导游人员的礼节礼貌

中华民族具有五千年辉煌灿烂的文化,有着讲礼貌、懂礼节的优良传统,素有"礼仪之邦"的美称,在导游服务中,如何有礼有节,是每个导游人员应该认真学习的。礼节是指人们在交际场合相互表示尊重、友好的问候、致意、祝愿及给予必要的协助与照料的惯用形式,是礼貌的具体表现。礼貌,则是人与人之间在接触交往中相互尊重和友好的行为规范。"言为心声,行为心表"。礼节礼貌是旅游从业人员良好风度、优美情操、高尚意志和美好心灵的外在表现,是文明行为最基本的要求。因此,导游人员在导游服务过程中要注意日常交往礼节和工作礼节,给游客留下美好、愉快的印象。

1）接待礼节

（1）问候与致意

初次见到游客或每天第一次和游客见面时，导游人员要主动和游客打招呼，向游客表示问候和致意。问候就是向游客说一些表示良好祝愿的话，如"您好"、"早上好"、"欢迎来本地旅游"、"旅途辛苦了"等。问候时点头微笑，语气柔和，距离不应太远，以正常说话声音使对方能听清为宜；眼睛应正视对方，双手自然下垂，不要嘴里叼着香烟或把手插在口袋里。通常情况下，年轻者应先向年长者问候，男性应先向女性问候，身份低者应先向身份高者问候。

致意是一种不出声的问候礼节，导游服务中运用这种礼节既简单、易于操作，又能让人感到亲切。致意可用招手、微笑、点头等形式来表达友善之意、祝愿之意。作为导游员，不论男女、年龄大小、身份高低，都应主动向游客问候、致意。

（2）介绍

在人际交往中，人与人之间需要进行必要的沟通，以寻求理解、帮助和支持。介绍是最常见的与他人认识、沟通、增进了解、建立联系的方式。介绍可分为自我介绍、介绍他人和相互递交名片。

在社交活动中，要想结识某人或某些人，而又无人引见，此时可以向对方进行自我介绍。自我介绍的内容，要根据实际的需要、所处的场合而定，要有针对性。如在某些公共场所，自己并无与对方深入交往的愿望，这时进行自我介绍只需介绍自己的姓名就可以了；如因工作需要与人交往，自我介绍应包括姓名、单位和职务，无职务可介绍从事的具体工作。导游在自我介绍时要简洁、清晰、自信、自识、自谦，切忌羞怯，不要自吹自擂。

为他人介绍是第三者为彼此不相识的双方引见的介绍方式。介绍他人时要热情，要客观，掌握分寸。介绍有先后之别，一般是将身份低、年轻者介绍给身份高者和长者；将男士介绍给女士；将主人介绍给客人。介绍时，一般双方要起立，长者、身份高者和女士可例外。

名片是一个人身份的象征，已成为人们社交活动的重要工具。导游服务的对象比较复杂，递交名片及其接受是必不可少的工作程序之一，要充分体现礼貌礼节，以突出自身的文化素质。递交名片时用双手，至少用右手，目视对方，微笑致意；接名片时也要用双手，以示尊重；接过名片应认真看一看，不要马上装入口袋，更不要在手中玩弄。与西方人交往时要注意，他们一般不随意交换名片。

（3）见面礼节

①握手礼。握手礼，最早起源于中世纪的欧洲，现已成为全世界人际交往中最常见、最普遍的见面礼。见面行握手礼时，主人、身份高者、年长者和女士一般

应先伸手,以免对方尴尬;朋友平辈间以先伸手为有礼;祝贺、谅解、宽慰对方时以主动伸手为有礼。

行握手礼时,上身稍前倾,立正,目视对方,微笑,说问候语或敬语;握手时要脱手套、摘帽,女士和身份高者可例外;握手时不要将左手插进裤袋里,不要边握手边拍人家肩头,不要眼看着别人或与他人打招呼,更不要低头哈腰;无特殊原因不要用左手握手;多人在一起时避免交叉握手;长时间握手表示亲热,双手握住对方的手以示尊敬,但一般双手伸手握一下即可,尤其是异性之间。

②鞠躬礼。鞠躬礼源自中国,盛行于日本、韩国和朝鲜。行鞠躬礼时应立正、脱帽、微笑、目光正视、上身前倾 15°～30°。平辈应还礼,长辈和上级欠身点头即算还礼。

③合掌礼。合掌礼又称合十礼,佛教礼节,盛行于印度和东南亚佛教国家,泰国尤盛。行礼时,双手合拢于胸前,微微低头,神情安详、严肃。对长者双手举得越高越有礼,但手指尖不得超过额头。接待外国游客时,对方行合掌礼,导游员应以同样形式还礼,但不主动向游客行合掌礼。

(4)称谓

在导游服务中称谓很重要。导游员对旅游团体的称谓要根据旅游团的具体情况而定。对旅游团成员或散客一般是:

①职务称。即以其所担任的职务相称,如"总经理"、"校长"等。

②姓名称。即在"先生"、"小姐"之前冠以姓。

③一般称。即泛称某人为"先生"、"小姐"、"太太"等。

④职业称。如"李老师"、"司机先生"、"秘书小姐"等。

⑤代词称。如"您"、"他"等。

2)交谈时的礼节

①导游员在与游客交谈时,态度要庄重、真诚,不能傲慢、冷漠、过于随便,否则,会对游客产生不信任感。

②导游员在与游客交谈时,神情要自信、大方、自然,不能忸怩腼腆,不能心不在焉,不要时时看表,避免打哈欠、伸懒腰及其他不雅观的小动作。

③导游员与游客聊天、讨论问题时,语言要文雅、得体,要做到"三不谈"、"五不问"。"三不谈"即不谈政治问题、民族问题和宗教问题;"五不问"即不问年龄、婚姻、履历、工资收入和家庭住址。

④导游员在与游客交谈时要照顾全局,不要只与一两个人交谈而冷落了其他人,更不能与一两个人窃窃私语,不要让任何宾客产生被遗忘的感觉。交谈要注意对话,有来有往,以求达到交流的目的。听别人讲话,必须做到耳到、眼到、

心到,同时还要辅以其他的行为和态度。

总之,在导游服务过程中,导游人员如能注意礼节礼貌,就可以避免许多不必要的误会和摩擦。讲文明、懂礼貌是导游服务中人际关系和谐的润滑剂,是我们中华民族精神文明的具体体现。

本章小结

国际旅游界将导游员称为"旅游业的灵魂"、"旅行社的支柱"和"参观游览活动的导演"。这就要求导游人员具备优良的道德品质、渊博的知识、熟练的专业技能、一定的创新能力和竞争意识、良好的身体素质与心理素质;导游的窗口作用决定了导游人员的职业形象的重要性,对其仪容、仪表以及导游人员的行为都有很高的要求。为此,每个导游人员都必须以此约束自己的言行举止。

相关链接

卫生常识

1)晕车(机、船)

晕车、晕机、晕船者旅行前不应饱食,须服用药物;可能时让其坐在较平稳的座位上;长途旅行中游客晕机(车、船),导游人员可请乘务员协助。

2)一般疾病的处理和预防

(1)一般疾病的预防

导游人员应认真研究旅游团人员的情况,合理安排游览活动;注意劳逸结合;多做提醒工作(注意饮食卫生、注意天气变化、观察旅游者)。

(2)一般疾病的处理

导游人员要劝患者及早就医;要多关心患者;要向旅游者讲清看病、吃药、单独用餐的费用自理。

3)蝎、蜂蜇伤,蛇咬伤

当旅游者被蝎、蜂蜇伤,导游人员要设法将毒刺拔出,用口或吸管吸出毒汁,然后用肥皂水,条件许可时用5%苏打水或3%淡氨水洗敷伤口,服用止痛药。导游人员、旅游者如识中草药,可用大青叶、药荷叶、两面针等捣烂外敷。严重者应送医院抢救。

旅游者被毒蛇咬是个棘手的问题,导游人员应力所能及地做下述工作:蛇咬处若在手臂或腿部,可在咬伤处上方5～10厘米处用一条带子绑住,但不要切断

血液循环,在医疗人员治疗之前,用肥皂水和水清洗伤处或用消毒过的刀片在毒牙痕处切一道深约半厘米的切口,切口方向应与肢体纵向平行,然后用嘴将毒液吸出吐掉。

案例分析

2005 年 8 月 28 日,湖南湘潭新天地旅行社导游员文花枝所带的旅游团一行 28 人赴延安参观,当旅游车行驶到陕西洛川县境内时,一辆大卡车迎面撞上了文花枝一行所乘的旅行车,酿成了一场 6 人死亡、14 人重伤、8 人轻伤的特大车祸。在事故中,文花枝两腿严重骨折,其中左腿折成 9 段;右胸 4,5,6,7 根肋骨断裂;盆骨 3 处骨折。

车祸发生后,身负重伤的文花枝不顾自己生命垂危,艰难地打出了求助电话。当救援人员赶到现场,想先抢救流血不止的文花枝时,她却说:"我是导游,我没事,请先救游客!"在伤员一个个被救走,确认车上没有任何人后,文花枝才让救援人员将自己抬下车。

文花枝把宝贵的救援时间让给游客,自己却因耽误了最佳救治时机永远失去了左腿。2006 年文花枝被评为全国模范导游员和全国十大杰出青年。(选自中国旅游网)

分析:

①学习文花枝,首要的是学习她忠于职守的优秀职业道德精神。花枝精神体现了新时期旅游服务从业人员的良好精神风貌和高尚思想境界。

②文花枝在生死关头把生的希望留给游客,把死的威胁留给自己。她以不惜生命、先人后己的行为,兑现了诚实守信、服务游客的诺言。

③学习文花枝应对突发事件的能力。在危险面前,文花枝没有被突发的灾难所吓倒,临危不乱,及时采取自己力所能及的方式帮助幸存者,并鼓励每个人坚持下去,以坚强的意志力和高尚的道德品质感动着每个人。

复习思考题

1. 简述导游人员的职业素质。

2. 简述导游人员的职业品质。

3. 如何塑造良好的导游职业形象。

第 5 章
酒店服务员的职业素质

【本章导读】

酒店富丽堂皇,服务员也很漂亮,但仅仅这样是不能吸引客人的。如果酒店的服务员能为客人提供满意的服务,那么,即使服务员长得并不漂亮,也能受到客人的欢迎。

【关键词】

酒店服务员　职业素质　酒店意识　素质要求　能力要求　意志要求

案例导入

一位外国工程师住于金陵饭店,客房服务员每天都默默地将他从工地上穿回的脏皮鞋擦得油亮,并放于鞋篓之中,工程师极为不安,将10美元置于鞋篓内,以作为服务员额外服务的报酬,服务员并没有收下小费,却依然每天为工程师擦好皮鞋。工程师大受感动,长期包住该饭店……

(资料来源:张永宁.饭店服务教学案例[M].北京:中国旅游出版社,1999:41.)

5.1　正确的酒店意识

酒店是提供给客人综合性服务产品(吃、住、行、游、购、娱)的企业。酒店只出售一种产品,那就是对客服务。酒店服务业是服务业的一大龙头产业,酒店服务员应具有正确的酒店意识。酒店意识是指通过对酒店特点的理解,在酒店服务员的头脑中自觉形成的,对酒店经营、管理、服务等应有的行为规范的一种反映。

酒店意识,其核心就是服务意识,除此之外,酒店意识还包括客人意识、安全意识、等级与服从意识、服务质量意识、市场意识(或叫竞争意识)、时间意识、培训意识、团队意识、形象意识等。

5.1.1 服务意识

服务意识是酒店意识的核心。服务意识是指酒店服务员必须明确自己的职责、义务、规范、标准、要求,把它内化为自己的行为准则,并自觉地落实于行动。西方酒店认为,服务就是 SERVICE,其每个字母都有着丰富的含义:S-smile(微笑):其含义是服务员应该对每一位宾客提供微笑服务;E-excellent(出色):其含义是服务员应将每一个服务程序,每一个微小服务工作都做得很出色;R-ready(准备好):其含义是服务员应该随时准备好为宾客服务;V-viewing(看待):其含义是服务员应该将每一位宾客看做是需要提供优质服务的贵宾;I-inviting(邀请):其含义是服务员在每一次接待服务结束时,都应该显示出诚意和敬意,主动邀请宾客再次光临;C-creating(创造):其含义是每一位服务员应该想方设法精心创造出使宾客能享受其热情服务的氛围;E-eye(眼光):其含义是每一位服务员始终应该以热情友好的眼光关注宾客,适应宾客心理,预测宾客要求,及时提供有效的服务,使宾客时刻感受到服务员在关心自己。

酒店业被人们称为 Hospitality Industry,是因为 Hospitality 即为“招待”之意,而热心为客人服务是酒店业的基本精神,是优质服务之本。从客人走进酒店的那个瞬间开始,就意味着服务工作的开始,直到客人离开为止,服务贯穿在整个过程中,服务无处不在。酒店服务的好坏,体现了酒店员工的综合素质和酒店的管理水平。同时酒店服务还讲究整体性,服务链条上的哪一个环节出了毛病都将影响到整个酒店的形象。酒店服务的另一个特点是它的易扩散性,酒店服务中的优点和缺点会被扩散得很快。作为一个酒店服务员,应该具备正确的服务意识。这表现在满足客人的各种需求,为客人提供最优质的服务,用最优质的服务提升酒店的良好形象。

5.1.2 客人意识

没有客人,酒店就无法生存。客人意识,即是客人至上的服务意识,这一意识的实质是把客人看做酒店的衣食父母。

1)客人

客人就是走进酒店,接受服务,进行消费活动的人,他们是酒店的服务对象,也是酒店的“衣食父母”。

客人往往来自五湖四海,天南海北,他们的民族、职业、性别、年龄、宗教信仰、政治态度、风俗习惯不同,所以要求也各不相同。他们具有各种各样的性格和爱好,他们来到酒店是付款来买酒店的服务的,酒店服务员应该尽量满足客人的要求,搞好服务。客人的文化水平和素质也不尽相同,通情达理的客人在任何时候都是绝大多数,但毕竟有些客人不能控制自己的情绪与行为。这就增加了服务员服务的难度,但无论如何,服务员应把客人看做"上帝"。

2)客人意识

客人意识就是客人至上的服务意识,就是"把客人看做上帝那样来对待"。

(1)客人就是"上帝"

使用了"上帝"这一字眼,是对客人的尊重,这使得一些未从事过酒店服务行业的员工有这样的感觉:客人当了"上帝",我们员工岂不是"侍从",客人不就是可以为所欲为了吗? 其实,这是一种误解。将客人比做"上帝",目的就是为突出客人在酒店中地位的重要性和特殊性。作为"上帝",其地位是至高无上的,其服务要求就是命令,满足其服务要求是酒店员工的第一任务。这有助于强化服务意识,同时作为"上帝"的客人也只是国家的公民,他的行为同样受法律、受社会道德的约束,所以"上帝"也不能为所欲为,必须在国家法律和道德准则允许的范围内活动,而为客人提供服务的员工,只是在酒店这种场所中提供服务的人,这只是社会分工的不同,并不是地位高低、身份贵贱的区别。同样,当服务员到了酒店以外的其他地方作为消费者,也是客人,是"上帝"。

(2)"客人永远是对的"

"金无足赤,人无完人"。所以人不可能没有过错。客人也是人,出错也在所难免,但之所以提出"客人总是对的"就是在处理与客人的矛盾时,要从客人的角度和争取客源的角度去考虑问题。酒店服务员不应当面指责客人,给客人难堪,而应巧妙地维护其自尊,给客人以下台阶的机会,从而使客人不失面子,而感到被尊重,同时也维护了酒店的形象,巩固了客人与酒店之间的良好关系。当然,"客人总是对的"并非绝对,如果客人的行为是违法的或者是严重"越轨"的,那就另当别论了。

(3)永远都不要对客人说"不"

服务员在接待客人时要主动招呼客人,为客人着想,尽力满足客人的要求,不怕麻烦。与客人交流时,语言优美,谈吐文雅,服务用语多用征询、商量式,少用祈使命令句。对待客人要有"三心",即耐心、细心、真心。总之,作为酒店服务员要记住:对客人永远都不要说"不"。

(4)服务客人方程式

在酒店服务中,有几个简单的方程式能够帮助员工理解自己所处地位和对

待客人态度的重要性。酒店员工应当认识到自己在酒店所扮演的重要角色,而不能把自己当做简单的一个普通的员工。

①每个员工的良好形象 = 酒店整体良好形象,即 1 = 100。这一方程式所表示的是,酒店的任何一个员工都是酒店形象的代表,酒店员工对待客人的一言一行都代表着酒店的管理水平、全体酒店员工的素质、酒店的整体服务水平。

②酒店整体良好形象 – 一个员工的恶劣表现 = 0,即 100 – 1 = 0。这一方程式的含义是酒店的服务形象是由一个个员工共同来完成的,即使其他员工表现出色,但只要其中任何一个员工表现恶劣都会使酒店形象受到严重损失。

③客人满意 = 各个服务员工表现的乘积。在这一方程式中,酒店员工表现出色,服务优质,其得分为 100,表现恶劣,态度极差,得分则为零。酒店的形象并不是每个员工的表现简单相加的结果,而是一个乘积。

5.1.3 服务质量意识

酒店服务业是服务业的一大龙头产业。其最本质的特征无疑是"服务",即向所有的客人提供最优质的服务。所以,酒店要注重服务质量,要树立服务质量意识,为客人提供最优质的服务。

1)客人心目中对于"优质服务"的理解

(1)舒适畅快

客人进入服务场所,第一印象和第一要求就是舒适畅快,赏心悦目,它是决定客人对服务是否满意的标准,如果给客人留下的印象是狭隘压抑、沉闷乏味,那么,即使服务员表现出色,也难使客人对服务留下优质的印象。

(2)方便快捷

这是指服务内容、项目、设施都能充分考虑到客人的要求,使客人能使自己的大部分要求得到满足,并且这些能够按照客人的吩咐不打折扣地完成,而不需客人为服务要求的执行付出不必要的精力代价,使客人感到省时、省心及省力。

(3)安全卫生

这是服务中对客人应当履行的最起码的义务,而且应当采取相应的措施保证客人的隐私权,人身不受到伤害,从而使客人体验到安全感。

(4)物美价廉

应当注意客人对服务和价格之间的心理接受状态。一方面,要保证酒店的服务质量;另一方面,要确保所制定的各项服务价格与所提供的服务质量、档次相适合,合符消费者的心理预期。只有这样,客人才会感到服务的正规、管理的严格,感到消费得称心如意。

（5）得到尊重

服务员应尽量满足客人的要求,态度和蔼、语言礼貌、语气温和,使客人觉得自己的权益得到保障、人格得到尊重、需要得到满足,最终使客人产生这样一种评价:花钱到这个酒店——值!

2）优质服务对于酒店服务员的要求

（1）服务准则

无数点点滴滴的服务细节升华成为让客人满意的优质服务,有工作激情才能做好每一件事,因此,服务员要做到礼貌、热情、周到、耐心、细致、快捷、准确、安全、大方。

（2）具体要求

①真诚与微笑。要做到真诚待客,微笑服务。

②讲效率。快速而准确的服务。其中要注意的两点是:其一,追求个性化服务:既要为客人提供优质满意的服务,又要给客人以惊喜的服务;既要想客人所想,又要想客人之所未想。其二,追求人性化服务:一切从客人的角度出发来考虑问题,而不是让客人来将就和适应酒店服务员。

③随时做好服务的准备。既要做好心理方面的准备,又要做好物质方面的准备;既要做到眼里有活（要有眼色）,又要有预见客人服务需求的能力。

④做好可见服务。做到展现在客人面前的永远是最美好、高品位、高质量的东西,把自己的工作置于客人的监督之下,使客人能感觉到你的工作成果。如整齐清洁的客房;色、香、味、形俱全的食品等。

⑤树立全员销售意识。每个服务员应懂得如何在为客人提供服务的同时,向客人销售或推荐饭店内其他产品。

⑥追求零缺点服务。

服务公式:$100-1\leqslant0$。

服务无小事,服务无止境。

优质服务可以使客人获得巨大的心理满足,可以拉近客人与酒店的距离,可以使客人获宾至如归的感觉,可以巩固原有客人群体,而且将赢得更多潜在的客人群体,因此优质服务应该是酒店奉行的第一宗旨,而且应该是酒店服务员的第一素质。

5.2 酒店服务员的基本素质要求

　　饭店的竞争体现为服务的竞争,因为顾客看重饭店的服务质量的好坏,并日益重视自己受到的接待水平的高低。而服务员的基本素质,则体现了一个饭店的管理水平的高低以及市场竞争力的强弱。

　　市场对酒店服务员素质的要求是全方位的,顾客对酒店服务员素质的要求也是五花八门的,而其中基本的要求是丰富娴熟的服务知识、游刃有余的从业能力、端庄大方的仪态风度、彬彬有礼的行为举止。

5.2.1 丰富娴熟的服务知识

　　知识是一种稳定的信息组织,服务知识则是服务员为了更好地提供服务而应当知道的各种与之有关的信息总和。只有在了解了丰富知识的基础上,才能顺利地向客人提供服务。

　　1)具备丰富的服务知识的重要性

　　(1)可以在很大程度上减少服务中的不确定性

　　丰富的服务知识可以很大程度上消除服务中的不确定方面,从而使服务更有针对性,减少差错率。例如,服务员可以根据自己对宗教方面基本知识的掌握,有针对性地为一位伊斯兰教客人提供周到的服务,避免在饮食服务上触犯对方的民族禁忌。

　　(2)可以减少客人对于环境状态了解的不确定性

　　客人入住酒店,一般都对当地环境不太了解,因此酒店员工经常会成为客人的询问对象。如果酒店员工能比较熟悉地向客人介绍当地的交通、旅游、饮食等方面的信息,使客人对所处的环境有一个比较清晰的了解,客人对酒店的满意度自然就会增加。

　　(3)增加服务的娴熟程度,可以减少服务中的差错

　　各项服务均有一定的专业性,各部门服务员也有自己相应的专业分工,如果能熟悉地掌握自己所在岗位的服务知识,就会在为客人的服务中得心应手、游刃有余,否则就容易发生差错,引起客人的不愉快。

　　(4)增加服务的便捷性,可以提高服务员的工作效率和客人的效率

　　如果一个服务员在服务中做每件事都要费半天劲去查一下有关方面的岗位

技能书籍,那么其效率将会大打折扣,在现实中也是不可想象的。丰富的知识可以使服务随口而至,随手而来,使客人能得到准确、及时、熟练的服务。酒店也能极大地提高工作效率和服务质量,为更多的客人提供更为周到的服务。

2)服务知识的内容

既然服务知识如此重要,那么服务员要了解哪些方面的知识呢? 主要有以下 3 个方面:

(1)丰富的文化知识

无论是大酒店还是小餐馆都是一个流动的场所,客人的不同地域、不同文化背景、不同民族、不同职业决定了客人的复杂性。这就要求对每位客人提供的服务不能是千篇一律的,而必须根据实际情况区别对待。另外,所提供的服务要从被动服务转为主动服务,就更需要服务员掌握丰富的文化知识。因此,服务业并不是一项简单的职业,优质的酒店服务同时还是一项知识密集、高智能的工作。为了服务好客人,使客人产生宾至如归的感觉,服务员必须掌握丰富的文化知识,包括地理知识、语言知识、历史知识、政策法规知识、心理学知识、国际知识等。只有这样才可以使服务员在面对不同的客人时能够塑造出与客人背景相应的服务角色,在客人与服务员之间产生良好的沟通。

(2)熟悉所处环境的基本情况

就酒店服务而言,客人对酒店以及酒店所处的环境都是比较陌生的。当客人对陌生的环境能够很快了解时,客人心里就会产生稳定感。而这种稳定感便来源于酒店员工对相应环境背景知识的掌握。

酒店员工必须掌握的环境方面的知识有:

①酒店的主要服务项目、特色服务、各服务项目的分布。

②各服务项目的具体服务内容、服务时限、服务提供部门及联系方式。

③酒店公共设施、营业场所的分布及其功能。

④酒店的地理位置,酒店所处的交通、旅游、文化、娱乐、购物场所的分布。

⑤酒店的发展简史、酒店的重大事件。

⑥酒店的服务宗旨、企业文化及酒店的店旗、店徽、店歌。

(3)服务员的岗位职责、相关制度、规定

只有每一位服务员认真履行了所在工作岗位的工作任务、责任,才能确保管理目标的实施。因此,服务员应当对有关自己岗位的知识有明确的了解。

5.2.2 游刃有余的从业能力

能力是服务员为向客人提供优质服务所必须具备的沟通、交往等方面经验、技能的总和。尽管服务员各有不同的分工,但一些基本的服务能力是必须具备的。如:语言能力、应变能力、营销能力等,而交际能力、记忆能力、观察能力将在本章5.3节中讲解。

1)驾驭自如的语言能力

语言是人们交往的必不可少的工具,是服务行业中服务员与客人建立良好关系的重要工具和途径。语言是思维的物质外壳,它体现了服务员的涵养、气质、态度、性格。客人能够感受到的最重要的两个方面就是服务员的言与行。语言不仅是交际、表达的工具,它还反映和传达企业文化、员工的精神状态等辅助信息。只有优美的语言、文雅的谈吐才能使人与人之间以礼相待的公共道德准则成为现实。当酒店服务员用温暖、亲切的语言问候、接待国内外客人时,他们会觉得受到关心、尊重,会心情舒畅,获得宾至如归的感受。服务员语言能力的运用主要体现在以下几个方面:

①用好礼貌用语。"你好、欢迎、谢谢、对不起、再见"等敬语要常不离口。服务员每天都与各种各样的客人接触,用好礼貌语言,不仅是服务人员思想品质、文化修养的表现,在一定程度上也是中华民族文明状况的反映。

②说话语气要和气、文雅。服务员在表达时,要注意语气的自然流畅、和蔼可亲,在语速上保持匀速表达,任何时候都要心平气和,礼貌有加。像"您、请、抱歉、假如、可以"等词汇常常可以表示尊重、缓和语气。在服务过程中应养成低声说话的习惯。文雅就是使用文明、有修养和富于知识性的语言,去掉粗鄙的语言,可以显示出一个人高尚的精神境界和应有的文化素质。特别要注意的是,在服务工作中切忌讲粗话、脏话,不强词夺理,不恶语伤人。

③与客人说话时,要谦逊,实事求是,不要谈客人忌讳的事。例如,不要问对方的履历、收入;不要问女士的年龄、婚姻状况;不要谈敏感的政治问题。

④在接待客人的过程中要恰当地称呼客人。在现代社会交流中,一般对男宾称先生,女宾称小姐、女士或夫人。对有职务职称、军衔的,可称呼职务职称、军衔,如某经理、某主任、某教授、某上校等。对外国部长级以上的高级官员可称"阁下"。准确的称呼会使客人高兴。

⑤适当运用身体语言。人们在谈论时,常常忽略了语言的另外一个重要组成部分——身体语言。根据相关学者的研究,身体语言在内容的表达中起着非

常重要的作用,在人际交往中身体语言甚至在某种程度上超过了语言本身的重要性。服务员在运用语言表达时,应当恰当地使用身体语言,如运用恰当的手势、动作,与口头语言联袂,共同构造出让客人感到易于接受和感到满意的表达氛围。

⑥注意表达时机和表达对象。即根据不同的场合和客人的不同身份等具体情况进行适当得体的表达。服务员应当根据客人需要的服务项目、客人身处酒店的地点、客人交际的时间、客人的身份、客人的心理状态,采用合适的语言。

⑦忌用不尊重、不友好、不耐烦、不客气的语言。例如,"老东西"、"病秧子"、"瞎子"、"聋子"、"胖子"等不尊重之语;"你买得起吗"、"一看就是乡巴佬"等不友好之语;"没长眼睛吗"、"凑什么热闹"、"烦死人了"等不耐烦之语;"瞎动什么? 弄坏了你赔不赔?""拿零钱来。"等不客气之语。

2)机智灵活的应变能力

服务中突发性事件是屡见不鲜的,既有来自客人单方面的,也有来自客人与服务员之间的。突发事件的处理对于树立和保持酒店的形象非常重要,从中也能衡量出一个员工综合素质的高低。遇到突发事件,员工应当做到:

①迅速了解矛盾产生的原因和客人的动机,并善意地加以疏导。

②用克制和礼貌的方式劝说客人心平气和地商量解决,这样的态度常常是使客人愤愤之情得以平息的"镇静剂"。

③员工应当秉承"客人永远是对的"的宗旨,善于站在客人的立场上,在维护声誉的基础上尽量设身处地为客人着想,而不要过多地想维护自己的面子。要知道,酒店的整体形象更重要,个人的面子好挽回,而酒店的形象一旦受损却很难弥补。因此,在处理突发事件时,员工可以作适当的让步。特别是那些错误原因更多地在于员工一方的就更要敢于承认错误,给客人以即时的道歉和补偿。在一般情况下,客人的情绪就是员工所提供的服务状况的一面镜子。当矛盾发生时,员工应当首先考虑的是错误是不是在自己一方。

④尽快采取各种方法使矛盾迅速平息,使客人能得到较满意的解决,并尽量使事情的影响控制在最小的范围,在其他客人面前树立坦诚、大度、友好的服务形象。

3)主动热情的营销能力

只有全体员工都关心自己餐厅、旅店的营销,处处感受一种市场意识,服务员才能抓住每个时机做好对客人的内部营销工作。这就要求服务员不能坐等客人的要求提供服务,而应该善于抓住机会向客人推销酒店的各种服务产品、服务

设施,充分挖掘客人的消费潜力。为此,服务员应当对各项服务有一个通盘的了解,并善于观察、分析客人的消费需求、消费心理,在客人感兴趣的情况下,使产品得到充分的知悉和销售。例如,当客人在早晨入住酒店后,服务员可以提醒客人到餐厅用早餐,客人在用餐时,服务员可以向客人推荐酒店的特色饮食。如果客人对菜价不是太在意,可以推荐客人到酒店高档餐厅消费。客人用完早餐后,如果没有什么其他事要做,可以介绍客人到酒店的一些休闲、娱乐场所轻松一下,或推荐客人到商品部去消费。这样做,不仅使客人能处处感受到酒店的热情,而且也有助于酒店产品最大限度地被销售、利用。一个服务员除了要按照工作程序完成自己的本职工作外,还应当主动地向客人介绍其他各种服务项目,向客人推销。

旅游企业间的竞争焦点逐步转化为"软件"的竞争,其竞争力体现在服务水平上。相同星级的酒店,硬件设施几乎没有什么差别,价格竞争也有底线,要在竞争中取胜,就得用高质量的服务,让客人感到到此消费如同与朋友家人相聚一样快乐,感到被重视、受尊重,让他感受到他的中心地位和重要价值。这种快乐感和成就感自然会让他不断地到酒店来寻找这种感觉,他还会把这种快乐对自己的亲朋好友及他社交圈里的熟人讲述,这种"软推销"具有极强的渗透力,必然会给酒店带来更多的客源,酒店便可在竞争中取胜。

5.2.3　端庄大方的仪态风度

在接待工作中,酒店服务员打扮得整洁、大方、得体给人以美感就是对客人的尊重,也能体现出旅游工作者健康向上的精神面貌。如果衣冠不整,蓬头垢面,就会给客人留下不好的第一印象,是对客人的不尊重。最受欢迎的服务人员,一定是仪态最佳的人。因此,要求每个员工都要站有站姿、坐有坐相,举止端庄稳重、落落大方、自然优美。

服务人员的仪态要求是:

1)精神面貌、仪容仪表方面

①在工作岗位上要随时面带微笑、精神饱满、礼貌待客、热情主动、和蔼可亲;精力集中,不可心不在焉,随时准备为客人服务。

②女员工头发:前不遮眼,后不过肩,梳理整齐,长发盘起;男员工头发:侧不过耳,后不过领,不留鬓角。

③女员工上班前要化淡妆,不佩戴饰物(婚戒除外),男员工不留胡须。

④上班着工装,保持工装整齐、无污迹、纽扣齐全、无开线处。正确佩戴工

号牌。

⑤不留长指甲,不涂指甲油,不吹烫怪异发型,不染彩色头发。上班时不穿拖鞋、旅游鞋。穿规定的鞋袜,女员工穿肉色袜子,男员工穿深色袜子。女丝袜无破洞和跳丝。鞋子要干净。

2)站姿

站立服务是酒店优质服务的基本要求,站姿要优美文雅,体现员工素质、修养和风度。站立时,做到挺胸、收腹、眼神自然、两眼平视前方或注意服务客人,不凝视一个固定位置而显呆滞。双肩保持水平放松,身体重心向下,不偏左偏右,嘴微闭。两手自然下垂或体前交叠。身体正直平稳,保持微笑状态,头部端正,微收下颌,如图5.1所示。

图5.1　站姿

图5.2　手势

3)行姿

走路时,在正确站姿基础上,两脚自然前后移动,两臂前后自然摆动。同时,遵循"右行定律",走直线。路遇客人,面带微笑,主动问好,侧身礼让。

4)手势

对客服务,手势运用正确、规范、优美、自然。给客人指示方向,手臂伸直,手指自然并拢,手掌向上,以肘关节为轴心指示目标,眼睛兼顾客人和目标。面带微笑,配合语言运用,如图5.2所示。

5)坐姿

保持正确坐姿,重心垂直向下,平稳自然入座。不前俯后仰身体扭曲,不摇腿跷足,如图5.3、图5.4所示。

图5.3　坐姿

图5.4　坐姿

5.2.4　彬彬有礼的行为举止

礼貌礼节修养是以人的德才学识为基础的,是人的内在美的自然流露。服务人员应注意良好的礼貌修养。在言谈举止上,酒店员工应具有良好的礼貌修养,并掌握不同地区的风俗习惯和礼仪知识。在接待服务过程中,能够区别不同时间、场合、情景、接待对象和客人风俗,正确运用问候礼节、称呼礼节、应答礼节、迎送礼节、操作礼节,做到用语规范,声调柔和,语气亲切,表达得体,文明优雅。站立挺直自然、不倚不靠,行走轻快,不要奔跑。手势正确,动作优美、自然、符合规范。容貌端庄,服装整洁,举止大方有礼的服务人员给人以热情好客、训练有素、可以信赖的感觉。举止大方的具体要求是:

1)待客礼节

①待客热情,笑脸相迎,见面问候。进出、上下礼让客人。

②称呼客人恰当,谈吐举止得体,注意语调温和、亲切、大方、自然。

③回答客人询问,做到热情、耐心、仔细、清楚、百问不厌,忌说"不"、"不行"、"不知道",要想方设法满足客人所需,为客人服好务。

④礼貌待客,不卑不亢,落落大方。

⑤绝不与客人争辩。

2）服务礼节

日常服务尊重客人风俗习惯和宗教信仰,对客人服饰、容貌、不同习惯和不同宗教信仰之动作、语言,不讥笑,不品头论足。进入客人房间前,先敲门。不乱翻、乱动客人物品。客人用餐主动领位,拉椅让座。交给客人物品,应双手奉上。

3）特别关照老弱妇幼

对老弱妇幼、行动不便的病人,礼貌尊重,服务耐心、周到。在接待服务中,对带小孩的客人要特别照顾,未经客人允许,不随意抱玩客人小孩,不随意摸小孩的头,以防引起不满。不讥笑客人的外形或举止,客人有不便,应主动扶助。

4）待客的忌讳

忌讳打听客人的私事,忌讳打听客人的去向。

5）服务的语言规范

①说好第一句话。

②使用语言准确。

③讲究语法结构。

④注意语调和语气。

⑤注意面部表情:准确运用面部表情,会给客人留下亲切、愉快、舒适的印象。对老年人用尊敬的眼神,对小孩用爱护的眼神,对大多数客人用亲切、诚恳的眼神。平时要情绪稳定,目光平视,面部表情要根据接待对象和说话内容而变化。

5.3　酒店服务员的能力要求

不同的行业,有不同的能力要求。就酒店服务员的能力而言,主要是指深刻的记忆力、敏锐的观察能力以及较好的交际能力。

5.3.1　深刻的记忆能力

一位顾客刚刚进入酒店,服务员马上致意道:"刘总经理,您好! 欢迎再次光临!"

刘总经理出乎意料,感到惊喜,说道:"我仅仅于前年在你们的酒店住过一个晚上,你怎么就记住我了?"

服务员真诚地微笑着说:"您有独特的气质,再说,您写的字实在是太漂

亮了。"

刘总经理高兴地说:"以后,我就专门住在你们酒店了。"

能收到这么好的效果,关键在于良好的记忆能力。

记忆的方法有很多种,上述案例中服务员是通过记住客人写的字来记住了客人本人。

1)深刻的记忆能力可以产生的作用

(1)使客人所需要的服务能够得到及时、准确地提供

①提供及时服务。在酒店服务中,客人常常会向酒店员工提出一些如酒店服务项目、服务设施、特色菜肴、烟酒茶、点心的价格特点或周边的城市交通、旅游等方面的问题,酒店员工此时就要以自己平时从经验中得来的或有目的的积累为客人一一解答,使客人能够即时了解自己所需要的各种信息。

②实体性的延时服务。客人会有一些托付酒店员工办理的事宜,在这些服务项目的提出到提供之间有一个或长或短的时间差,这时就需要酒店员工能牢牢地记住客人所需的服务,并在稍后的时间中准确地予以提供,不会使客人所需的服务被迫延时或干脆因为被遗忘而得不到满足。

(2)使酒店员工在提供服务中运用自如,不出差错

酒店中各部门的服务工作已经形成了比较稳定和成熟的服务程序和服务规范,只有严格地履行这些服务要求,酒店服务工作才会做得完美得体。这就需要酒店员工牢记相对复杂的服务规范,在这个基础上才能谈得上在服务中娴熟自如地运用。

(3)使酒店的服务资源能够得到最大限度的挖掘利用

酒店相对复杂的服务设施的分布、特色对于初来乍到的客人来说,是比较陌生的。但作为酒店员工却应当对其中的服务设施了如指掌,在客人需要的时候,酒店员工就可以如数家珍地一一加以介绍,从而使酒店的服务资源能够尽快地为客人所知。

(4)使客人能够得到个性化的、有针对性的周到服务

客人是一个异常复杂的群体,他们的喜好、个性特点等是千差万别的,因此酒店对于客人所提供的服务也是因人而异的,这就需要酒店员工对客人的情况有一定程度的了解。当一位再次光临酒店的或第二次消费同一项目的客人到来,酒店员工便可以根据自己的记忆能力迅速地把握客人的特征,从而能够为客人提供更有效、更有针对性的服务。

(5)使客人能够从员工的细节记忆中感受到自己的重要性和尊重

如果一位客人的姓名、籍贯、职业、性格、兴趣爱好、饮食习惯等被酒店员工

记住,并在与客人的交往中能够被酒店员工恰当地表现出来,客人将会感到有种受尊重、被重视感,从中感受到自己存在的意义与价值,这有助于客人对酒店产生相当良好的印象。

2)常用的记忆方法

(1)重复式强化记忆

记忆是靠多次重复不断强化脑神经细胞的结果,一般来说,重复记忆的次数越多,一样东西就容易被记住。这就要求酒店员工不仅在平时服务中记忆,在休息或待命状态时,也要不断地重复强化。

(2)理解式记忆

当一样东西被理解了的时候,记忆就深刻。所以,对那些一时难以记住的复杂事物,可以先弄清楚它是凭什么原理工作,为什么要这样,搞清楚了以后,"骨头"就会很快地被啃下来。

(3)特征式记忆

当人们把握了某一事物的特点时,记忆就会比较深刻。例如一位客人的鼻梁比较高,或者像自己认识的某个人,这位客人的其他附属特征就容易被顺带地记住。

(4)实践中的校错记忆

有一些东西确实并不是一下子就能记住的,而是需要与实践结合起来。通过实际操作几次,再对照服务程序、规范,看有哪些与之不相符合,然后再校正过来,这样的记忆印象就比较深刻。

5.3.2 敏锐的观察能力

一位外国客人在某饭店用餐的时候,她把煎鸡蛋的蛋黄剔除掉,只吃蛋白;第二天,当她再次用餐的时候,酒店员工送上的煎鸡蛋只有蛋白而没有蛋黄,这让外国客人感到异常惊喜。她激动地告诉服务员,自己患有高血压,对饮食非常小心。她逢人就夸这家酒店的服务。

(资料来源:漆浩.服务员特训教程[M].北京:中国盲文出版社,2003.)

通过观察,不仅记住客人的外貌特征,而且记住客人的行为习惯,并及时为客人提供必要的人文关怀,这是酒店服务员的一项基本功,不仅能给顾客以良好的个人形象,而且反映了酒店的管理风格与经营理念。

观察能力的实质就在于善于想客人之所想,将自己置身于客人的处境中,在客人开口言明之前将服务及时、妥帖地送到。酒店员工敏锐的观察能力主要体现在以下方面:

1）善于观察客人身份、外貌

客人是千差万别的，不同年龄、不同性别、不同职业的客人对服务的需求也是不同的。客人在不同的场合、不同的状态下，其需求也是不一样的。

2）善于观察客人语言，从中捕捉客人的服务需求

酒店员工从与客人的交际谈话或客人之间的谈话、客人的自言自语中，往往可以辨别出客人的心理状态、喜好、兴趣及欠满意的地方。

3）善于观察客人的情绪

不适当的亦步亦趋，只会使客人感到心理上的压力。所以，既要使客人感到酒店员工的服务无处不在，又要使客人感到轻松自如，这样使客人既感到自由空间的被尊重，又时时能体会到酒店关切性的服务。

4）善于观察客人心理状态

客人的心理非常微妙地体现在客人的言行举止中，酒店员工在观察那些有声的语言的同时，还要注意通过客人的行为、动作、仪态等无声的语言来揣度客人细微的心理。

5.3.3 较强的交际能力

金陵饭店住进了一位有洁癖的客人，客房服务员观察到这一点后，尊重客人的习惯，满足客人的需要，如用餐巾纸包好电视遥控器送到客人手里；当房客有客人来访时，服务员主动在沙发上铺好洁白的毛巾……后来这位客人每次到南京必住金陵饭店，并且每次都指名要这位服务员做她的"管家"。

（资料来源：张永宁．饭店服务教学案例［M］．北京：中国旅游出版社，1999．）

在酒店的人际交往中，满足顾客需要是服务员与人交往的核心原则之一，本案例的服务员之所以成功，其源盖出于她尽力满足了客人的心理需要与生活需要。

人际交往所产生的魅力是非常强大的，因为它能牢牢吸引客人，它使客人对酒店员工及酒店产生非常深刻的印象，而良好的交际能力则是酒店员工在服务中实现这些目标的重要基础。

①酒店员工在与客人的交往中，首先应把客人当做"熟悉的陌生人"，一位新来的客人尽管对于酒店员工都是陌生的，但在交往时，却要把客人当做已经相处很长时间的老朋友来看待，这样，酒店员工在提供服务时，便会摆脱过于机械

的客套和被动的应付状态,使客人感觉到一种比较自然的但又出自真心诚意的礼遇。

②给客人留下美好的第一印象。第一印象对人际交往的建立和维持是非常重要的,给人记忆最深的常常是第一次接触所留下的印象。而仪表、仪态的优美,真诚的微笑,无微不至的礼貌则是给客人留下美好第一印象的关键。

③人际关系的建立还应当有始有终,持之以恒。每一个酒店员工都应当持之以恒地与客人建立良好的人际关系,不能因自己一时的失误和思考的不周而使客人感到怠慢,从而断送自己在其他时候以及其他员工与客人所建立的良好人际关系。

客人的心理非常微妙地体现在客人的言行举止中,酒店员工在观察那些有声的语言的同时,还要注意通过客人的行为、动作、仪态等无声的语言来揣度客人细微的心理。

5.4 酒店服务员的意志要求

意志,是通过自觉克服困难来完成某种期望目标的心理过程。意志有两类:一类是积极的意志品质,包括自觉性、自制力、坚韧性等;另一类是消极的,包括任性、依赖性、顽固性和冲动性等。酒店员工意志的培养主要表现在以下几个方面。

5.4.1 自觉性

自觉的前提是把自己看成酒店的一员,并且诚心希望酒店蒸蒸日上。自觉的含义就是将工作要求内化为自己的言行举止。所以,自觉的实质不是别人要我们怎么做,而是我们自己觉得应该怎么做。自觉性包括如下具体的内容:

①准时上下班,接班时应早到,接班人未到不得离开岗位或先行下班;交接班时应将未完成的工作或特别事项交代清楚;服从主管的命令,按工作规范完成岗位工作。

②上班时间内不接见亲友及闲谈;上班时间内不接听私人电话或打私人电话。

③熟记同事和上司的名字,以增强同事间的感情;处理工作事物时最好适当请教同事,不要独断专行;与同事相处要讲信用,强调合作,发挥团队力量,共同搞好工作。

5.4.2 自制力

自制力是一种自我控制的能力。在酒店行业,这一能力尤为重要,因为酒店员工所面临的客人将是形形色色的,在工作中酒店员工将会有委屈、有压力、有各种意想不到的困难,也有自己的情感、尊严和正当权利,在酒店服务工作中,经常会碰到客人与员工之间发生的误会,有时候原因可能出现在客人身上。这时酒店员工产生的情绪,采取一定的行为,单纯看来可能是合理的。但这一关系所涉及的双方也不是纯粹的人与人的关系,而是员工与客人、服务与被服务、拥有权利者和承担义务者的关系,因此这类矛盾的处理方式、处理主导思想就要强调酒店员工的自控意识。如果没有自制力,我们将难以胜任这一工作。

1)学会控制自己的时间

时间虽不断流逝,但也可以任人支配。支配时间最好的方法就是制订行之有效的工作计划并不折不扣地实行计划。当我们能控制时间时,就能把酒店服务这一工作干得得心应手。

2)学会控制沟通的方式

我们可以控制说话的内容和方式。记住:我们喋喋不休地说话的时候,是得不到任何信息的,因此,沟通方式最主要的,就是聆听、观察以及吸收。当我们以聆听的方式与人沟通时,我们就能洞悉客人的内心需要,并为他们提供恰到好处的服务。

3)学会控制情绪

每个人都有自己的喜、怒、哀、乐,但是作为一个优秀的服务人员,任何时候都不能把不符合工作要求的个人感情带到工作中来。一位国外旅游专家说:"宾馆是舞台","上班是演戏","要永远在客人面前演喜剧"。这生动的比喻告诉我们,优秀的服务人员应该有强烈的"角色"意识,上岗就是上舞台,无论在自己情绪低落或激动时,都要注意克制,尽心尽责演好"角色",让客人看到的永远是"喜剧"。这是职业道德水准高的表现。

控制自己的情绪和感情,保持良好的心境,是旅游业对每一个工作人员的特殊要求。

5.4.3 坚韧性

坚韧性有 3 个方面的含义,其一是不完成任务绝不罢休的精神;其二是在完成任务的过程中面对种种困难所持有的耐心；其三是不厌其烦为客人服务直到客人满意为止的恒心。

①永不屈服、百折不回的精神是获得成功的基础。

②耐心。当客人产生误会时，要耐心地向客人予以解释，直到客人理解为止；当客人所询问的事情没有听明白时，酒店员工要耐心地将事情说清楚，直到客人得到满意的答复为止。所以耐心是动态而非静态的，主动而不是被动的，耐心意味着忠于职守、注重细节、乐观向上、不惧困难。

③恒心。酒店员工虽然每天所面临的客人不一样，但所从事的工作具有相当的重复性。如果没有足够的恒心作支持，就会容易畏难而退，对客人的服务工作就无法很好地开展。

坚韧性使我们能够经受挫折、战胜任何困难；由于坚韧性，客人都会相信我们进而信任我们；由于坚韧性，各种各样的客人都愿意和我们打交道：脾气暴躁的、喋喋不休的、吹毛求疵的、歇斯底里的……坚韧性既是一种职业精神，又是一种职业行为；既是一种良好的职业品质，也是一种良好的习惯养成。作为服务员，它要靠我们自觉的培养与修炼。

本章小结

本章主要阐述酒店服务人员应有的职业素质。而职业素质是以正确的职业意识为指导的，本章中，首先介绍了服务意识、客人意识及优质服务意识；其次介绍了服务知识、从业能力、仪态风度、行为举止等4个方面的素质要求；在酒店服务员的能力要求上，重点介绍了记忆力、观察力、交际能力；最后介绍了酒店服务员的意志，包括自觉性、自制力与坚韧性，它既是一种个性品质，更是一种业务素养，需要从业者自觉的培养与修炼。

相关链接

服务员应熟悉的几种礼节

1）称呼礼

称呼礼是日常服务中和客人打交道时所用的称谓。在国际交往中，一般对男子称"先生"，对已婚女子称"夫人"，未婚女子统称"小姐"，对不了解婚姻情况的女子可称"小姐"，对戴结婚戒指和年纪稍大的可称"夫人"或"太太"。或按职位称呼，如"博士先生"、"议员先生"、"上校先生"等。

2）应答礼

应答礼是指同客人交谈时的礼节。解答客人问题时必须起立,讲话时语气要温和耐心,双目注视对方。对宾客的问话或托办的事项没听清楚时要对客人说:"先生,对不起,请再讲一遍好吗?"或者"对不起,先生,我再把您的留言重复一遍好吗?"服务员在为宾客处理服务上的问题时,语气要婉转,如果客人提出的要求超越了自己的权限,应及时请示上级及有关部门,禁止说否定语,如:"不成"、"不可以"、"不知道"、"没有办法"等。

3）迎送礼

迎送礼是指服务员迎送客人时的礼节。客人来时要主动向客人打招呼问好,笑脸相迎。在为宾客服务的过程中,应按先主后宾,先女宾后男宾的顺序进行服务。当重要外宾和友好团体来店或离店,要组织管理人员、服务员到大门口排队迎送。迎送人员的服装要整洁,姿势要端正,鼓掌要热烈。

4）鞠躬礼

行鞠躬礼时必须先脱帽,用立正姿势,身体上部前倾15°左右,而后恢复姿势。行礼时要面带笑容,必须注目,不可斜视。

案例分析

叫出客人的名字

一位美国客人住进了北京建国饭店。中午,他约了几位朋友来到建国饭店的中餐厅共进午餐。接待他们的是一位刚上岗不久的男服务员。这位服务员一边问候客人们,一边心里暗暗着急,他怎么也想不起这位美国客人的名字。因为建国饭店要求员工提供"姓名辨认"服务。他仔细观察,忽然看到了客人放在桌边的房间钥匙牌,灵机一动,就想好了办法。当他去取热水时,利用这个空隙向总台查询了这位先生的名字,等他回到桌前为客人服务时,就亲切地称呼了这位美国先生的名字了。客人一听,十分惊喜,问道:"你怎么知道了我的名字?"原来这位美国客人是第一次入住建国饭店。客人得知了服务员的用心,非常高兴,在惊喜之余,备感亲切和温馨。

分析:

本例中的新员工,想方设法叫出客人的名字,给客人带来惊喜,是成功的"姓名辨认"服务,也是具有强烈服务意识的体现。

现代酒店的营销专家十分推崇"姓名辨认",认为酒店员工如在第二次或第三次见到客人时,便能在先生或小姐之前冠以姓氏,将会使客人感到异常亲切,这是一种人情味极浓的服务。这就要求服务员要有很强的记忆力,才能熟记客人的有关资料,才能体现出酒店员工的一流素质。

(资料来源:张永宁.饭店服务教学案例[M].北京:中国旅游出版社,1999.)

啤酒到底多少度

某饭店中餐厅。午餐开餐后,引领员把两位宾客引到一张小餐桌上就座。实习生小刘立即上前招呼,送上茶和香巾,又接受客人点菜。客人点好菜后,又点了两瓶啤酒。其中女宾说她不能喝酒,她转身问小刘,这里的啤酒是多少度的。小刘没想到客人会提这样的问题,她只知道度数不高,但准确的酒精度她不知道。小刘灵机一动回答说:"我给您拿一瓶看看好吗?"客人说好的。小刘从吧台取来一瓶啤酒,边走边看商标,见上面标着11度的字样,来到客人跟前就告诉了那位女宾。"啤酒11度。"女宾一听连连摇头:"度数太高,我不要了,下午还有事。"男宾说:"哪有那么高的度数?让我看看。"边说边接过啤酒。看了看对小刘说:"这上面标的11度不是酒精度,而是麦芽汁的浓度。"又指着下面一个小字告诉小刘:"这才是啤酒的酒精度,是3.5度。"小刘站在一旁感到非常不自在。

分析:

服务员为宾客提供满意的服务,不但要有热情、礼貌、周到的服务态度,还必须有丰富的业务知识和娴熟的技能。尤其业务知识要有一定的深度和广度,不能只知其然,不知其所以然。提起啤酒,大家都知道是一种广为饮用的低酒精度饮品。通常啤酒的酒精含量在2%~5%之间,啤酒商标上标明的9~12度是指所含麦芽汁浓度。这是两个完全不同的概念。由于实习生小刘对酒水知识了解很少,不能准确地向客人介绍,引起客人的不满,且不利于推销。这足以说明,做好服务工作,掌握广博的业务知识是非常必要的。

(资料来源:张永宁.饭店服务教学案例[M].北京:中国旅游出版社,1999.)

复习思考题

1.酒店服务员应具有哪些正确的酒店意识?

2.酒店服务员的基本素质要求有哪些?

3.酒店服务员有哪些意志要求?

4.举例说明酒店服务员应具备哪些从业能力?

旅游管理者的职业素质和能力要求

【本章导读】

中国旅游业伴随着国民经济的腾飞而迅速发展起来,形成了较为完善的产业结构,但是旅游业行业管理不规范,制约着旅游业发展。因而旅游业高速发展呼唤高素质的优秀管理者,运用科学、民主、现代化的管理,合理配置旅游资源、旅游人力资源、旅游财力资源等,加速旅游业快速发展。

【关键词】

管理者　素质　能力

案例导入

有一天美国 IBM 老板汤姆斯·汪森带着客人参观厂房,走到厂门时,被保安拦住说:"对不起先生,你不能进去,我们 IBM 的厂区识别牌是浅蓝色的,行政大楼的工作人员识别牌是粉红色的,你们是不能进厂区的。"董事长助理彼特叫道:"这是我们的大老板,陪重要的客人参观。"但是保安回答:"这是公司规定。"汤姆斯·汪森笑着说:"他讲得对,快把识别牌换下"。

6.1　旅游管理者的职业素质要求

6.1.1　以身作则

1)以身作则含义

孔子说:"其身正,不令而行,其身不正,虽令不从。"让自身管理成效不高的管理者,管理自己的同事和下属,那几乎是不可能的事。管理工作在很大程度是身体力行的,如果管理者不懂得如何在自己的工作中做到卓有成效,就会给他人树立错误的榜样。这是现代管理学宗师德鲁克教授在书中所写。这段话告诉我们,以身作则是旅游管理者要求员工做的,自己必须先做到,要求员工不做的,自己必须坚决不做,必须行得正、坐得正、言行一致、表里如一,成为员工文化知识、道德修养、专业技能等方面的表率,才能赢得员工的尊重和信任,树立起自己的威望。

2)旅游管理者以身作则的重要性

(1)旅游管理者以身作则有利于增强旅游企业的凝聚力

旅游企业的凝聚力是旅游企业维持存在与发展,增强旅游企业团队功能,实现共同目标的必要条件。旅游管理者以身作则,忠于职守,端正工作态度,树立良好的工作作风,实实在在去工作,用自身的人格凝聚人,从而使员工对企业产生认同感,乐意成为企业的一员,就能最大限度地发挥他们的积极性、能动性和创造性,为实现旅游企业的目标而努力奋斗。

(2)旅游管理者以身作则有利于提升旅游企业的执行力

执行力是21世纪旅游企业核心竞争力的重要一环,员工执行力是旅游企业执行力的主要表现,提高企业执行力必须提高员工的执行力,而关键是提高旅游管理者的执行力。而旅游管理者执行力的提高,就必须以身作则,脚踏实地履行自己的职责,亲自带头,做出榜样,创造一个和谐有序积极进取的工作环境,形成上下一致的强大向心力、组合力和凝聚力,确保工作任务执行到位,落实到位,才能带动整个旅游企业执行力的提升。

3)旅游管理者以身作则的具体要求

(1)从自身做起,起表率作用

日本管理大师土光敏言道:没有沉不了的船,没有垮不了的企业,一切取决于个人的努力。员工要三倍的努力,领导要十倍的努力。这就说明了旅游管理者必须使自己在政治思想、品德修养、文化素养、专业技能等方面成为员工的表率、榜样和楷模。作出榜样,就是无声的命令,具有无穷的力量。旅游管理者从仪容、言行举止、工作态度等方面应率先垂范,在严明纪律这一点上,更要做好员工的带头人。如领导上下班不准时,员工就会有怨言、有情绪,必须严于律己,做出表率。明白"身教重于言教"的道理,少用语言多用行动和自身形象影响教育员工,带领引导员工实现企业目标。员工的工作好与坏,直接体现出一个管理者的管理能力。

(2)旅游管理者必须强化服务意识

旅游业做的是服务行业,每天都在服务,必须坚持服务是旗帜,满意是标准。旅游业要不断发展,服务意识非常关键。

作为一个旅游管理者必须树立热心服务意识,为旅游者服务,为员工服务,为社会主义旅游事业服务。这既是旅游职业的需要,也是中国共产党全心全意为人民服务宗旨的弘扬,是旅游管理者共产主义精神培养的集中体现。关心和爱护旅游者和员工,尽可能满足他们合理的要求。首都旅游集团董事长、旅游业领军人物段强要求他的管理者要把职工也看成上帝,以职工为本,处处为职工着想。段强说:"让他感觉你是全面为他负责,他才能以顾客为本,才能有比较好的状态,才能服务好人。"

(3)旅游管理者必须爱岗敬业,甘于奉献

爱岗敬业是社会主义职业道德最基本、最起码的要求,是各行各业最基本的要求。雷锋在日记中写道:"如果您是一滴水,您是否滋润了一寸土地? 如果您是一线阳光,您是否照亮了一分黑暗? 如果您是一粒粮食,您是否哺育了有用的生命? 如果您是最小的一颗螺丝钉,您是否永远坚持您生活的岗位。"这段话告诉我们,无论您是从事哪个岗位,做什么样的工作,您都要热爱自己的岗位,热爱自己的工作,在平凡的岗位上做出不平凡的事业。爱岗就是热爱自己的工作岗位,热爱自己的本职工作,全身心地投入。敬业就是敬重自己从事的事业,勤勤恳恳、忠于职守、尽职尽责,乃至无私奉献。旅游管理者要有强烈的责任感、使命感和危机感,全情投入到管理中的每项工作,协调管理中的各种关系,处理好管理中的各种问题和矛盾,这就是旅游管理者忠于职守的爱岗敬业精神,从而在管理工作中做出优异成绩。

6.1.2 公关素质

公共关系是社会组织为树立良好形象,有计划地在各种传播媒介与相关公众中形成的一种社会关系。

1)旅游管理公关素质的重要性

(1)旅游管理者具有良好的公关素质有利于提高旅游业的知名度,塑造旅游产品的品牌,促进旅游业做大做强

公共关系对品牌树立和旅游业知名度美誉度的提高起着重要的作用,而旅游业形象的塑造完善,在很大程度上是由旅游管理者公关素质来完成的。

中国有着丰富的旅游资源、灿烂的文化,要让外界认知、认同,必须通过公关活动,各种媒介做大量宣传,创造与公众直接接触的机会,以便公众了解它、认识它,从而对它产生很大的兴趣,否则我国的旅游资源依旧是"养在深闺人未识",旅游业得不到发展。如1999年以"穿越天门,飞向21世纪"为主题张家界世界

特技飞行大奖赛,2006年举办的"2006俄罗斯空军张家界特技飞行表演"活动,为张家界风景区、天门山风景区作了绝佳宣传,在国内外引起了强烈的反响,取得了令人刮目相看的成效,促进了张家界旅游业的旺盛,带动了经济增长。

(2)旅游管理者具有良好的公关素质有利于协调各种关系,缓解矛盾,创造和谐环境,促进旅游企业效益的提高

胡锦涛所提出的和谐社会的基本特征是:社会各方面的利益得到妥善协调和其他社会矛盾得到正确处理,社会公平和正义得到切实维护和实现,全社会互相帮助,诚实守信,平等友爱,融洽相处。这种和谐的社会关系、人际关系是团结协作干事业的最佳终点和效益的极大化。

旅游管理者必须具有良好的公关素质,对内部,可以加强与其他管理者的沟通和联系,促进管理者之间的协调一致和默契配合;可以加强管理者和员工之间的心灵沟通,使得旅游企业内部上下一心,团结一致,便于管理者命令的执行。对外协调旅游企业与管理部门、合作伙伴、竞争对手、公众传媒、旅游者的关系,避免各种摩擦的产生,缓解各种矛盾。理顺任何关系,营造一个人与人、人与自然、企业与社会各界和谐相处的旅游环境,从而达到创造一个和谐的社会,促进旅游企业的效益提高,国家繁荣富强。

2)旅游管理者公关素质的具体要求

(1)旅游管理者对待自己的工作必须专注和有热情

全力投入工作的热情是每个人获得成功的要素,当然也是旅游管理者成功的要素。罗宾斯说:"成功与其说是取决于人的才能,不如说取决于人的热情。"唯有热情才可激发你的潜能,把全身的每一个细胞都调动起来,完成内心渴望完成的工作。把热情和执著投入到工作之中,把关爱和勤奋放置服务之中,从工作中体会到快乐,从付出中体味甘美。

旅游管理者每天接触许多新人新事物,面对很多繁杂的事情及大量棘手的事需要解决,如果没有对工作的热情,就没有对工作的全情投入和对事业的执著,就不可能有创造力,开创工作的新局面,就不可能做好一切事情。一个热情洋溢的旅游管理者会感染广大员工,让广大员工用同样的热情去对待工作,只有这样,旅游企业才会充满生机和活力。

(2)旅游管理工作者必须要有亲和力

亲和力是赢得游客信任的必备武器,是成就事业的基石。面对激烈的职场竞争,旅游管理者要想生存、发展进而求得事业的成功,必须建立持久的亲和力。

旅游管理者工作的对象是人,每天做着面对面的服务工作,须摆正心态,学会尊重人、体贴人、关心人,具有良好的亲和力,在工作中就会有很好的人缘,就

能走近员工,心心相通,得到员工的支持和鼓励,问题和困难就变得容易解决,同时打造出旅游企业的公信力,获取公众支持,赢得旅游者的依赖,从而提高旅游管理者的管理效果和旅游企业的经济效益。

(3)旅游管理者务必铸造诚信

诚信是市场经济的基石和核心,是人们相处和旅游企业经营的基本条件,是衡量旅游管理者公关素质的尺度,是旅游业制胜的法宝。

市场经济是法制经济,讲信用的经济,旅游产业经济作为市场经济的一个重要组成部分,行业经营行为就不能违背市场经济的运作规范。

古今中外所有著名的企业和企业家,无不有着信誉卓著的良好形象,那些背信弃义,坑蒙拐骗牟取不义之财的最终难免身败名裂。香港长江实业公司董事长李嘉诚说:"一时的损失,将来是可赚回来的,但失去了信誉,就什么也做不成了。"因此,"我做生意,一直抱定一个宗旨,那就是不投机取巧和以诚待人","在对客户作出承诺之后,无论碰到什么样的困难,仍要履行对客户的承诺,以取得客户的信任"。李嘉诚就是以他的诚实守信的商业道德和高超的经商才能,赢得客户,赢得市场,赢得成功的。

旅游业是提供特殊商品的服务性行业,消费需求种类多,提供服务部门繁多,因而旅游业的发展更离不开诚实信用,合法经营,公平竞争,行业自律,优质服务,旅客至上的旅游诚信建设。因此诚信是旅游管理者公关素质的要求,是旅游业发展的命脉,是旅游业腾飞的支点,旅游业一旦与诚信失之交臂,失信于旅游者,旅游业就难以健康持续发展。

6.1.3　专业素质

旅游管理者专业素质是由文化基础知识、旅游业务知识和专业技能所构成。专业素质是旅游管理者实施管理活动和行动的必备素质,是旅游管理者履行其职责的基本要求。

旅游管理者专业素质的具体要求有以下两点。

1)加强学习,提高文化素养

美国管理大师彼得·圣吉说过:"作为一个管理者,唯一持久的优势就是不断学习新的知识,这样才能让你的管理富有成效。"一个无知的管理者,常常会盲目地自信,让企业陷入自以为是的泥潭之中。在激烈的国际旅游市场竞争中,旅游企业的知识和管理者的知识作为无形资产变得越来越重要,拥有知识的管理者不仅能帮助旅游企业提高效率,并且能带领员工知识结构合理化,因而提高旅游管理者的知识已经作为一场管理的革命,使旅游业有了更加广阔的视野,更丰富的经验,更科学的知识结构。

旅游业涉及的知识涵盖量广,古今中外,天文地理,几乎无所不包,游客来自四面八方,不同的文化层次、兴趣爱好,不同的职业和个性特征,就有不同的知识要求。同时旅游业提倡向旅游者提供"知识服务"、"素质服务",因此要求旅游管理者必须加强学习,吸取知识,把学习摆上工作重要议事日程,作为一项重要工作来抓,营造良好的学习风气。首都旅游集团坚持以人为本,注重建设学习型企业,加强在员工中大力提倡终身学习的理念,并为之积极创造条件。他们与国家教委联合创立了中国旅游业唯一一家博士后工作站,段强董事长自己更是身先士卒,取得清华大学经济学博士学位。要想在日益繁杂的旅游市场竞争中基业长青,就必须不断学习,提高自己的文化素养,才能深入了解当今国内外本行业的前沿情况和发展趋势,才能保持战略性的远见卓识和高质量的决策水平。

2)钻研业务,提高管理技能

拿破仑·希尔用他的话告诉我们这个道理:"你若要成功,一定要将你做的事情专业化。"作为一名现代的旅游企业的管理人员,必须懂专业知识,掌握专业技能,才能在管理过程中有的放矢,灵活机动,遵循事物发展规律,按客观规律办事,避免官僚主义。

留心一下就会发现,每位成功的管理者都拥有很高深的专业知识、精湛的专业技能。希望集团董事长刘永好就是一个专业知识很深的管理者;世界首富比尔盖茨的专业知识与天分是不用说的;香港地产大王李嘉诚是个不折不扣的地产专家;世界船王包玉刚是一部航运百科全书。相反缺乏专业知识的管理者会将企业带领到死亡的边缘。

旅游管理者不仅有理想、有道德、有文化、有纪律,而且要懂业务,有技能,成为本行业的行家里手,具有良好的分析判断问题的能力,拥有管理实践中解决问题的技能,努力做到知与行的统一,让自己的管理工作更加游刃有余,才能保持旅游业可持续的生存和健康和谐的发展。

6.2　旅游管理者的职业能力要求

6.2.1　管理能力

1）旅游管理者的管理能力的含义

（1）旅游管理概念

管理是一门学问,管理是一门艺术,管理就是管好人和做好事。

旅游管理是旅游业中的旅游管理者运用管理职能,把旅游资源、旅游人力资源、旅游财力资源做到最佳配置,实现企业目标。在目标实现过程中,管理者要实现以人为中心的管理,尊重人、关心人、依靠人、建立良好的工作关系,构成团结和谐的氛围,这样,才能实现管理的最佳效果。

（2）旅游管理者概念

旅游管理的主体是旅游管理者。旅游管理者是旅游企业的支柱和核心人物。

旅游管理者是指旅游企业中,对日常事务进行管理,掌握旅游企业所需资源的配置权力,旅游企业计划、目标的制造者、实践者,通过计划、组织、控制、激励和领导等方式,实现旅游企业目标的人员。

（3）旅游管理能力的概念

旅游管理能力是旅游管理者运用旅游管理理论、旅游管理方法和旅游管理技术等,解决旅游管理活动中各种问题和矛盾,实现管理任务的能力。

旅游管理能力直接影响旅游企业的效率和效果的主观条件,是构成旅游企业竞争力的基础,是衡量旅游管理者是否优秀的一把标尺,他在很大程度上影响旅游企业的发展方向。

2）加强旅游管理者旅游管理能力的重要性

（1）旅游管理者管理能力的高低决定旅游企业在旅游市场竞争中的优劣成败以及能否将成功延续下去,从而走向持久的辉煌

旅游业为旅游者提供的服务众多,各个环节错综复杂,旅游管理者必须灵活地解决临时出现的突发事件,使可能遇到的矛盾和阻力减少到最低限度,抓住事物的主要矛盾,正确处理局部和整体、个人与集体之间的矛盾,使局部利益服从

整体利益,以最大努力做好管理中的每一项工作。运用疏通、协调能力,巧用激励方法,处理好管理中的人际关系,解决问题、化解矛盾就是创造财富,就会赢得市场。

(2)旅游业发展面临的形势和存在的问题,迫切需要旅游管理者提高旅游管理能力

中国历史悠久,文化灿烂,旅游资源丰富而独特。根据世界旅游组织预测,到2010年中国将成为世界第一大旅游目的地国家,世界第四大客源输出国。中国这个旅游大国,旅游业呈现出强大的生命力,然而在蓬勃发展的表象背后,面临着旅游行业管理严重不规范,旅行社旅游报价低,旅游商品价格混乱,导游宰客狠,酒店宾馆服务质量问题等旅游管理混乱,就好比大厦没有钢筋水泥,人心涣散,斗志全无,旅游企业就无法支撑和发展,因此迫切要求旅游管理者提高管理能力。

(3)提高旅游管理者管理能力有利于旅游业的经营效益和社会效益的双丰收

旅游管理者的管理能力从根本上说就是提高旅游企业效率,创造最大效益的能力,而我国旅游业的指导方针是:"友谊至上,经济受益"。旅游业作为一项新型的经济产业,它的中心任务就是发展旅游生产力,增加经济收入。

旅游业的相关行业及服务环节很多,没有良好的服务和科学管理,资源就不能变成产品,设施也不能发挥其应有的效用。管理工作稍有不慎,就会发生事故,如旅游安全事故、饭店食物中毒,导游不能提供优质服务等会造成旅游者生命财产损失,影响旅游业形象和信誉,旅游业无从发展,更不可能创造经济效益。

3)旅游管理者管理能力的道德要求

(1)众志一心,沟通制胜

旅游管理能力的精髓是高效沟通。

高效沟通是优秀管理者必备的技能之一。旅游业是与人打交道的特殊行业,是一个纷繁复杂的人际关系群体,只有进行正常思想信息的交流,关心他们、了解他们,走进他们的心田,方能理顺各种关系,使各项工作井然有序,同员工建立良好的工作和朋友关系,各类人员性情舒畅,使企业具有强大的凝聚力。

在实践中常常发现,工作中出现的矛盾,往往是由于沟通差,缺少交流造成的。一个旅游管理者同员工进行沟通至关重要,因为管理者作出决策与决策的实施,都要与员工进行沟通。无论是好的想法、有创见的建议、完善的计划,离开了与员工的沟通,都是无法实现的空中楼阁。同时旅客管理者还要同旅游者、同行、旅游业的相关部门等进行沟通。这样就能营造一个团结一致、内外和谐统一

的局面,才能给旅游业带来成功。

(2)打造优秀团队,创造绩效

在实际工作中一个团队的智慧,随时创造出不可思议的团队绩效。

中国女排为什么战胜了那些世界强队,主教练陈忠和说:"我们没有绝对的实力战胜对手,只能靠团队精神,靠拼搏精神去赢得胜利。"

"团结就是力量"。团队的精神和力量是旅游企业持续发展的内在动力,是一个旅游企业生存和发展不可少的因素,在实际工作中,一个人的力量实在太渺小,只有依赖团队的力量才能取得成功。无论一个家庭,还是企业或是一个社会,一个人的本事再大,能力再强,如果要做成一件大事,没有他人的帮助、协调是根本不可能成功的。美国通用公司总裁杰克·韦尔奇说:"我的成功,10%靠我个人旺盛无比的进取心,而90%全仗着我的那强有力的团队。"旅游业发展更需要战斗力极强的优秀团队。

(3)有效激励,同创辉煌

旅游管理能力的核心是激励。

激励是旅游管理者刺激员工积极性的一种"激素"。激励是调动员工工作积极性、主动性和创造性的过程,主要是通过一定的手段满足员工应该的需要。

旅游企业的竞争力来自员工,在"以人为本"经营时代,重视人、依靠人的关键的一条就是激励人。人在没有得到激励的情况下其积极性能发挥60%或70%,而在得到激励的情况下,其积极性可发挥90%以上甚至100%。可见激励对挖掘人的潜力,具有很大的作用。

要让员工充分地发挥自己的才能,努力去工作,把员工从"要我去做"变成"我要去做",实现这种转变的最佳方法就是对员工进行激励。

一个优秀的旅游管理者不是指身居何等高位,而是指能凭借自我的威望、才智、高效的管理能力,铸造鹰一样的员工,磨炼狼性的团队,创造极大化的绩效。

6.2.2　用才能力

人才是信息时代旅游企业发展的动力之源,人才重于利润,人才资源是旅游企业制胜的关键,谁拥有人才,谁就拥有市场,拥有未来,旅游产业的发展归根到底是靠人,旅游从业人员素质高低关系到旅游业兴衰成败。

1)人才概念

"我劝天公重抖擞,不拘一格降人才"。"人才是第一资源"。人才概念涉及三方面的内容:第一有知识,有技能。人才必须具有特定的知识或技能,是当今时代对人才的基本素质要求,是成才的基础,是进行创造性劳动和对社会作出贡献的依据。在知识经济时代,一个人成才可以没有文凭,但不可没有知识和技能。第二,能够进行创造性劳动。只有通过创造性劳动实践,才能创造出比一般人大得多的物质成果和精神成果。第三,在政治、经济、物质三个文明建设中作出贡献。如果创造性劳动的劳动成果对社会发展起到破坏阻碍作用,就不会被社会所承认。

旅游人才是旅游业之根本,是旅游企业最重要的资源。如何管理好人才,用好人才,培养和留住人才,已成为旅游企业在强烈的竞争中成长发展的关键。

2）加强人才建设的重要性

（1）人才对旅游业的发展、国家的强盛的重要作用

人才强国战略上升到国家战略层面,并作为新世纪新阶段人才工作的根本任务,新中国成立以来还是第一次,这充分证明了人才资源是第一资源,人才问题关系到党和国家事业发展的关键问题。

旅游要发展,人才是核心,发展旅游以人为本,牢固树立科学人才观,实施"科技兴旅"和"人才强旅"战略,提高旅游人才素质,推进中国由旅游大国向旅游强国迈进。

（2）大力开发和培育旅游人才,提升旅游业的国际竞争力

现代旅游业的竞争归根到底是一种"人才竞争",得人才者得市场。这就对旅游管理者的用人能力提出很迫切的要求,善用才者兴,养育才者久。旅游资源开发利用要靠人,旅游市场拓展要靠人,提高旅游业的经济效益还是靠人,归根到底人力资源的开发和利用是旅游业生存、竞争、发展的需要。

在现代企业管理中,成功的企业都善于唯才是举,网罗一流人才。如比尔·盖茨寻找人才的故事,比他的财产增长更激励人心。据说这个世界上不论任何角落,只要有哪个人才被他发现,他便不惜任何代价,必须弄到身边而后快。比尔·盖茨在创立美国微软研究院时,历经6个月的众多说客说服才把卡内基梅隆大学的雷斯特教授弄到手,雷斯特加盟微软后,又网罗了大批计算机界大名鼎鼎的专家,构成了令人艳羡的一流人才团队,企业从中得到更大利益,从此也得知,人才是企业的生命。

3）旅游管理者用才能力的具体要求

（1）爱才

作为一个合格的旅游管理者必须把人才当做最重要、最稀缺、最宝贵的资源对待。人才是事业成功之本,不爱才,一切都无从谈起。

爱才就是全面贯彻尊重劳动、尊重知识、尊重创造、尊重人才的方针。缺乏对人才的最基本的尊重,人才战略就是一句空话,不可能让潜在的人才变成现实的生产力和竞争力。

爱才要求旅游管理者从关心人才开始,切实解决人才在生活、工作、学习中的困难,营造一个舒适、相互信任、相互关心、团结融洽的工作环境,使他们心情愉快、努力工作。是否具有爱才之心,是衡量管理者基本管理素质的重要标志。

(2)识才

识才是任人唯贤的前提,也是旅游管理者必备的基本素质。

自古以来,人们就深感人才识别的困难,王安石就叹道:"人才难亦难知。"唐代韩愈也说:"千里马常有,而伯乐不常有。"正因为识才困难,才显示识才的重要和识才的道德价值。

识才在一定程度上决定着人才的命运,因此识才首先要公道正派,只有公道正派,实事求是,才能不偏不倚,广开识才视野,摆正人才天平,做到唯才是举。如果失之偏颇,主观片面,求全责备,举才不公,则往往铸成以瑕掩玉的大错,做出误将庸人当人才,错把珍珠当石子的事。所以,一切唯新、唯故、唯貌、唯己取人,都是识才大忌。在现实生活中,人才不是没有,然而往往缺少发现。开明的管理者,要有慧眼识人才的本领,不能辨识人才的管理者,即便送上门来的人才都无法辨识,使用人才当然也就无从谈起。

总之,旅游管理者既具备识才的品质,又掌握了识才之妙法,就可识真才,有了真才旅游企业的事业就可以蒸蒸日上。

(3)用才

优秀的管理者不仅能选才识才,而且能够把优秀人才的力量聚到一起,形成一种无形的力量,达到企业的目的。如美国的钢铁大王安德鲁·卡耐基,他的成功就是因为他有卓越的识人和用人才能,任用了一批懂技术、懂管理的杰出人才,有效地发挥了人才的价值。

用才之策就是要用人之长,避人之短。朱元璋说:"人之才智或有才彼短于此者,若顾其短而摒其长,则天下之才难矣。"这说每个人都有长处和短处,充分发挥个人的长处,避其所短,才能人尽其才,才尽其用。树立任人唯贤的用人理念,对于贤者应发挥其招牌作用,让他们以无与伦比的道德魅力感化整个团队,激发员工的工作热情。旅游管理者绝不能重演龟兔赛跑的故事,要甄别松鼠和袋鼠能力,让松鼠爬树,袋鼠跳远,这样各自发挥其长,乐得其所,创造出意想不到的收益。

人各有所长,亦各有所短,人无完人,这是人所共知的。对于任何人才,用其所长,避其所短,则是人才;用其所短,弃其所长,则是庸才。因此,一个善于用人的旅游管理者,他对于每个员工的长处和短处了如指掌,明察秋毫,人得位,位得其人,把合适的人才,放在恰当的位置上,让适合的人做适合的事,把人才用到合适的地方、合适的岗位,才能使人才价值最大化。

6.2.3　创新能力

美国著名心智发展专家约翰·钱斐说过:"创新能力是一种强大的生命力,它能给你的生活注入活力,赋予你生活的意义。创新能力是你命运转变的唯一希望。"伴随着市场竞争的日益激烈,只有坚持创新,才能在激烈的市场竞争中立于不败之地。海尔集团老总张瑞敏就是一个不断靠科技创新实现企业跨越发展的事例。他用 100 万元人民币重奖他的开发团队,充分体现了对于科技创新和人才的重视。他通过技术创新、管理创新、市场创新、投资理念创新,实施国际化战略,到海外投资设厂,创出了中国的世界名牌。

1)创新与创新能力的概念

《现代汉语词典》对创新解释是:第一,抛开旧的创造新的;第二,创造性和新意等。

创新能力就是一个人(或群体)通过创新活动、创新行为而获得创新成果的能力,是一个在创新活动中所具有的提出问题、分析问题、解决问题能力的总和。其结果主要是看问题是否得到了正确合理的解决,也就是说最终只能根据创新的方法和创新的成果等形式表现出来,并获得确认和评价。创新能力是一个全面发展的综合性能力,是发展性、创造性和开拓性的能力。

2)提高旅游管理者创新能力的作用和意义

(1)不断创新,提高旅游管理者的创新是保证旅游业持续发展的根本途径

国际上一些有业绩的大公司,其秘诀就是不断地进行创新。希尔顿公司有百年的历史,企业老而产品和思维不老。世界首富比尔·盖茨有句名言:我的企业离破产只有 12 个月。他的意思说,如果企业不进行创新进步,也许一年后微软就不存在了。

在我国发展旅游业,虽然我国的旅游资源极为丰富,但是有许多还属于"养在深闺"的原始资源,要把它们开发出来,并加以组装成适销对路的旅游产品,把更多旅游景点开发出来,离开创新,一切都会成为不可能。

首都旅游集团董事长段强说:"你的牌子影响力大,但你的创新经营和管理

不如人。你在依仗这个牌子,一时半会儿的,也能挣点小钱,长期下去,连牌子都会被别人代替掉,我们绝不吃牌子的老本。"由此可见,旅游业的发展,如果离开创新,旅游管理者失去创新能力,旅游业就会死亡。

(2)旅游管理者提高创新能力有利于提高旅游业服务质量,推动旅游经济的增长

世界旅游组织提出:"高质量的服务,高质量的员工,高质量的旅游"。旅游业是服务型的经济产业,而旅游者越来越强调"高质量的服务",旅游业的一切工作都以服务质量来衡量。服务质量和服务态度是旅游业的支撑点,也是发展社会主义旅游业的中心环节,但质量上不去,发展旅游业就成为一句空话。海尔集团老总张瑞敏的行为证明没有质量就没有企业发展。张瑞敏抡起铁锤打碎76台电冰箱,从这里得知,他不是让员工打烂所有电器,而是让员工知道质量是第一的,质量是企业的生命。

旅游业的服务对象是国内外广大旅游者,旅游活动的内容越来越丰富,服务手段涉及吃、住、行、游、购、娱等旅游业的六大要素。旅游业的特点和职能就决定了旅游消费呈现出多元化、人性化、个体化的发展趋势,也就要求旅游管理者必须有很强的创新能力,大胆创新,不断开拓,创新经营模式,打破旧格局,创新服务手段、服务方式,强化服务意识,增加服务内容,创新旅游者受欢迎的优质服务产品,要让自己的服务与产品与众不同,就能让旅游者得到最大利益,为旅游者营造宽松舒适的、文明和谐的旅游环境,就可以给旅游业增添许多有形和无形的价值。

3)旅游管理者创新能力的具体要求

(1)旅游管理者必须树立创新意识、创新思维

如果说创新是时代发展进步的灵魂,创新意识、创新思维是创新的基本前提和必要条件,是培养创新能力的起点和关键。旅游管理者如果想创新,首先要创新意识、创新思维。如果旅游管理者墨守成规,不敢打破过去的条条框框,不敢突破前人,又不敢超越自我,书本上找不到的不敢干,前人没有说过的不敢说,只好照搬照套,就不可能有旅游业的发展。所以只有在强烈的创新意识引导下,才会产生强烈创新的动机,才能提出创新方案,才能有所发现、有所发明、有所创造、有所前进。

(2)旅游管理者必须富有创新精神

旅游管理者是旅游企业的灵魂人物和决策者,没有创新的决策在竞争激烈的旅游市场上会显得苍白无力。现在旅游市场的竞争就是创新大战,任何旅游企业在一定时间里没有创新,就会被淘汰。而创新的关键在于旅游管理者必须

具有创新精神,敢于标新立异,乐于面对挑战,热爱所从事的工作,有较强的学习能力,大胆探索,勇于创新,才能有新思路,拿起新办法,走出新路子,使企业的创新实践更有影响力,更具说服力,实现新的突破,促进旅游业崛起。

本章小结

21世纪是一个充满竞争、挑战的时代。面对竞争,旅游管理者必须具有广博的知识和精湛的业务能力,以身作则,树立威信,增强旅游企业的凝聚力。同时还须敢于创新,善于用才,运用高效协调沟通能力理顺各种关系,解决各种问题和矛盾,提升管理能力,创造团结和谐的旅游环境。管理者驾起高职业素质和强职业能力的双翼,就能实现高质量的旅游,永葆旅游业朝阳。

案例分析一

"经营之神"松下幸之助在1945年就提出:"公司要发挥全体职工的勤奋精神。"他不断向职工灌输"全员经营"、"群智经营"的思想。为打造坚强团队,直至20世纪60年代,松下公司还在每年正月的一天,由松下幸之助带领全体职工,头戴头巾,身着武士上衣,挥舞着旗帜,把货送出。在目送几百辆货车壮观地驶出厂区的过程,每一个员工都会产生由衷的自豪感,为自己是这一团体的成员感到自豪。

分析:

水滴石穿,集腋成裘。对管理而言,真正意义上的成功必然是团队的成功。一个人的力量是有限的,成功30%靠自己,70%靠别人。要记住,团队合作的成效,比单打独斗要强得多。大家朝同一方向努力,没有什么是做不到的。

案例分析二

春秋战国时,齐王喜欢穿紫色衣服。于是,上起士大夫下到平民百姓,举国上下开始流行穿紫衣。紫衣制作工艺复杂,成本很高,这种行为蔓延开后,导致了奢靡之风。于是齐士便发布命令,禁止百姓穿紫色衣,违者重罚。可一年过去,仍未发现紫衣人减少。齐王求救晏婴。晏婴说:"大王喜欢穿紫色衣服,下面自然有人效仿,怎能制止得住呢?"第二天上朝时,齐王换上了朴素的衣服,宣称他最讨厌紫色衣服。过了一个月,紫衣几乎没人穿了。

分析：

旅游管理者在执行力方面必须起表率作用。管理者的一些看似无意的举动,有时甚至会影响员工的工作思想和方法。一个管理者要让员工发挥强大的执行力,首先要看看自己是否以身作则,有怎样的管理者就有怎样的兵。

（资料来源:余世维. 赢在执行［M］. 北京:中国社会科学出版社,2006:100,155.）

复习思考题

1. 举例说明旅游管理者管理能力的重要性。

2. 旅游管理者如何提高公关素质?

3. 如果你是旅游管理者怎样做到以身作则?

4. 用事例说明旅游管理者创新能力的具体要求。

第 7 章

旅游职业道德评价与修养

【本章导读】

道德修养的最终目的是培养崇高的道德品质。本章详细说明了旅游从业人员的道德修养的内容和要求,阐述了旅游职业道德评价的类型、形式及作用。

【关键词】

旅游从业人员　职业道德　修养　评价

案例导入

"我是导游,先救游客!"

2005 年 8 月 28 日,湖南湘潭新天地旅行社导游员文花枝所带的旅游团一行 28 人赴延安参观,下午 2:35,当旅游车行驶到 210 国道陕西洛川县境内时,一辆大卡车迎面撞上了花枝一行所乘的旅游车,酿成了一场 6 人死亡、15 人重伤、7 人轻伤的特大车祸。在事故中,坐在车右第二排的文花枝两腿严重骨折,其中左腿折成 9 段,有些骨块已经脱落;右胸第 4,5,6,7 根肋骨断裂;盆骨 3 处骨折。

车祸发生后,文花枝发现自己前面及左边同排的人均已死亡,其他人个个满身血污,车上乱成一团。她想,若不尽快稳定大家的情绪,组织大家迅速开展自救,一些原本可以抢救过来的人就会因心理压力太大而濒于死亡。于是,她不顾自己生命垂危,艰难地打出了求救电话,并用尽力气大喊:"大家不要怕,会有人来救我们的。"然后组织乘客逃生自救。这期间,文花枝几度晕了过去,但是,她苏醒过来后便马上用自己的乐观与豁达稳定大家的情绪,鼓舞大家战胜灾祸。文花枝坐在旅行车的前排,当救援人员赶到现场,想先抢救流血不止的文花枝时,文花枝吃力地说:"我是导游,我没事,请先救游客!"救援人员看到花枝伤势很重,便不顾她的请求,准备拿撬棍撬开卡住文花枝的椅背,救她出来。花枝再次喊道:"拜托你们先救他们,我年轻,挺得住!"在救援人员抢救游客时,文花枝还用尽力气喊:"加油啊,叔叔大哥们,加油,加油!"

伤员一个个被救走了,下午 4:00 多,距离事故发生已过去 2 个小时,车上只剩下文花枝了。花枝在确认车上没有任何人后,才让救援人员将自己抬下车。

此时,一抬下车,她便休克过去了。在去洛川县医院的路上,不时陷入昏迷的文花枝一直紧紧地将装有 3 万余元团款的挎包抱在胸前。看她的伤势太重,好心人要替她保管,她都一一谢绝,说:"这是我们团队的团款,我要保管好它。"在洛川县人民医院,当苏醒过来的她从医务人员的谈话中知道自己是幸存的人中伤势最重的,必须马上手术,而手术室和医生却不够用时,她便装作轻松地对医生说:"我年轻,挺得住,先给他们做手术吧。"看到这个年轻的妹子这样不顾自己,医生既敬佩又心疼。直到上手术台做伤口清创前,医院院长亲自向她保证,她才将挎包交给院长。

由于伤势严重,时间又拖得太久,文花枝的伤口已严重感染,随时有生命危险。29 日,她被转至解放军第四军医大学附属西京医院抢救。但是,经过了几个小时抢救后,终因伤势太重且误时太久,西京医院的专家无奈地为花枝截去了左腿。她的主治医生李教授痛惜地说:"若不是耽误这宝贵的抢救时间,她这条腿是能够保住的啊!"

花枝的无私无畏和不怕牺牲的忘我精神令人敬佩。她把游客的生命和利益放在首位,让人们看到了旅游行业也能出英雄。花枝精神感动了中国,感动了所有旅游行业的从业者。2006 年文花枝被评为全国模范导游员和全国十大杰出青年。

7.1　旅游职业道德评价

在有形产品行业,学术界一般把产品质量问题看成是"硬伤",而把职业道德问题看成是"软伤"。旅游业是一个直接为人服务的行业,旅游从业人员职业道德问题,直接影响到游客的利益,也影响着旅游企业的整体形象。所以,旅游从业人员的职业道德问题,既是"硬伤",也是"软伤",特别值得重视。因此,在实际工作中旅游职业道德规范的执行情况以及旅游从业人员所体现的职业道德水平如何,则需要通过职业道德评价来判断。对旅游从业人员的职业道德进行评价,是旅游业持续健康发展的重要条件。

7.1.1　旅游职业道德评价的类型

1)旅游职业道德评价的含义

职业道德评价是指人们在社会生活中,依据一定的职业道德标准和规范,对职业劳动者的职业道德行为作出的评判。

2）旅游职业道德评价的类型

按照评价主体的不同,旅游职业道德评价活动可以分为两种最基本的类型,即社会的(他人的)评价和自我评价。

(1)社会的(他人的)职业道德评价

所谓社会的(他人)职业道德评价,是指社会、集体或他人对职业者的职业道德行为进行善恶、好坏判断和表明其倾向性态度。在旅游行业中,无论是在宾馆还是在旅行社,都很重视客人对服务工作留下的好或坏的评价。由服务对象即客人直接反映出的一些真实情况,对客人反映的坏的方面进行批评,这样一方面使提供不好服务的员工本人得到教育并加以改正,另一方面让其他员工引以为戒。对好的方面领导会表扬、赞颂,使其他从业人员都知道向好的学习,为他们树立榜样。管理工作者也会对客人直接反映出来的对服务工作或好或坏的评价,进行分析评判,修改和完善管理方案,形成相应的制度或条例,以不断促使服务质量提高到一个新的高度,赢得更多的赞誉。这就是社会的(他人)职业道德评价所具备的功能。

(2)自我的职业道德评价

所谓自我的职业道德评价是指从业人员依据一定的职业道德观念对自己的职业行为作出道德判断。在自我职业道德评价过程中,主体会对照旅游职业道德原则和规范,评价自己的行为是否符合职业要求的判断。哪些是应该做的,哪些是不应该做的。

3）旅游职业道德评价的形式

职业道德评价的形式多种多样,但主要有社会舆论、内心信念、传统习惯及考核评比记分4种形式。

(1)社会舆论

所谓社会舆论,就是指人们在日常生活中对任何事发表的各种议论、意见和看法,以表明自己的道德倾向和情感倾向。社会舆论具有一种特殊的权威性,因为它代表公众的意志、情感和价值观念。对"善"的行为加以褒奖,对于"恶"的行为加以斥责。社会舆论一般以自发和自觉两种形式出现。

自发的社会舆论不具有明确的目的,没有正式的表达工具和机构,没有系统性的内容,以群众自发评议为主。而自觉的社会舆论,是党和政府有领导、有组织、有目的地通过各种舆论工具,向人民广泛宣传某种思想和观点,人民认为是合理的并且愿意接受之后,就会形成一种普遍的舆论。这里所说的社会舆论,主

要是指人们依据社会主义旅游职业道德的评价标准,对旅游从业人员的行为进行褒贬评价。以上两种形式的社会舆论同时存在,相互影响,共同发挥作用。但社会舆论在旅游职业道德评价中,有外在的强制作用,即常言所说的"舆论压力"、"人言可畏",并往往成为职业道德评价中借以调整职业人员之间关系的重要方式。它通过对旅游职业行为的褒贬,使当事人从中了解职业行为的社会后果,对旅游从业人员具有教育和指导作用。

例如:我国西部某市政府办公室召开工作通报会,就公众反映差、政府不满意、媒体介入曝光的"问题行业",以通报批评的方式进行了公开的职业道德谴责。在旅游行业内引入并建立"旅游职业道德公开谴责制",旅游行业那些因职业道德低下而引起的"问题景区或景点"和因一些旅游从业人员的不良职业道德行为而遭到当地政府点名公开批评和广大游客及媒体公开谴责之后,其社会评价必定有所下降,这就会促使这些旅游企业单位及其旅游从业人员从修复与社会的关系开始,通过深刻的反思和工作改进,以及通过加强其从业人员职业道德素养和提高服务技能和质量,使其景区或景点的诚信经营行为,以及其从业人员引导游客诚信消费的服务质量和水平都有较大程度的提高。其诚实守法经营和服务安全等方面的制度也能得到逐步健全和完善,以期达到重塑这些旅游企业及其旅游从业人员良好公众形象之目的。

(2)内心信念

内心信念是旅游行业从业人员发自内心的对本行业职业道德原则、规范体系的真诚信奉和自觉履行职业道德义务的责任心,是旅游从业人员在学习和工作实践中的道德认识、道德情感、道德意志的统一。它是"真正深入到我们骨子里去"的道德意识和行为准则,也是职业道德评价的重要手段。

在旅游职业道德生活中,内心信念是从业人员对自身行为进行善恶评价的精神力量,它通过职业"良知"来实现道德评价的作用。

(3)传统习惯

传统习惯是指人们在长期的社会职业生活中逐步形成的一种稳定的、习以为常的职业道德倾向和评价方式。旅游从业人员的传统习惯是长期以来按照旅游行业的工作秩序形成的、习以为常的职业行为倾向,表现为一定的工作情绪和传统的工作方式。

(4)考核评比记分

考核记分的方法,是根据旅游业的特点以及旅游职业道德的种种外在表现,将其分为若干方面,每一方面再划分为若干项目,制订出相应的分数和检查、评比、记分的标准。考核记分评价法将职业道德评价内容通过具体化、量化处理,对从业者进行了客观、直接的评价。以表7.1和表7.2为例,说明从不同的角度将考评内容细化的部分考核记分情况。

表7.1 旅游职业道德评价表一

项 目	项目标准	分数满分值	实际得分等级			
			优	良	中	差
仪容仪表	服装整洁、干净,姿态规范、标准	10	10	9	7	5
文明礼貌	礼貌周到、端庄大方、规范标准、主动热情	20	20	16	12	9
纪律性	无擅自离岗、串岗或做与工作无关的事	20	20	18	16	10
学习能力	参加学习、培训的态度和成绩	15	15	12	9	6
服务质量	态度好、主动、安全、周到、准确	20	20	18	16	12
工作能力	业务水平高、完成任务优,有创新意识和团结协作的精神	15	15	12	9	6
评比、获奖情况		国际5分 全国3分 省部级2分 市级1分				
宾客意见情况	表扬	3分、2分、1分				
	投诉	−5分、−3分、−2分				

表7.2 旅游职业道德评价表二

序号	项 目	品质特征	评价分数				
一	遵纪守法	遵守国家法律、法规	1	2	3	4	5
		遵守社会行为规范	1	2	3	4	5
		遵守企业章程及管理规章制度	1	2	3	4	5
		自律守节,严谨求实	1	2	3	4	5
二	爱岗敬业	有高度的敬业精神,热爱本职,有岗位荣誉感	1	2	3	4	5
		文明礼貌,耐心细致,尽职尽责,勇于承担责任,竭尽全力履行应尽的职责	1	2	3	4	5
三	忠诚可靠	忠于职守,恪守信义	1	2	3	4	5
		维护企业的利益,克勤克俭,宾客至上	1	2	3	4	5

续表

序号	项目	品质特征	评价分数				
四	诚实守信	实事求是,热情友好,取信于客户和员工	1	2	3	4	5
		讲信誉,重信用,通过诚实劳动、合法经营,维护消费者利益	1	2	3	4	5
		严守企业的商业秘密,遵守行业规范	1	2	3	4	5
五	办事公道	坚持真理,追求正义。明确是非标准,分辨善恶美丑	1	2	3	4	5
		大公无私,不徇私情;秉公办事,不计个人得失	1	2	3	4	5
		团结服从,顾全大局;光明正大,廉洁无私	1	2	3	4	5
六	奉献社会	具有高度的社会责任感,服务于社会,为社会创造价值,发扬无私奉献的崇高精神	1	2	3	4	5
总　　分							

注:1.评价分数 1 分为最差,5 分为最好,分数级差反映程度差异;

2.请在评价分数各行选择相应的分数打"√"。

为了便于个人旅游职业道德行为作出正确的评价,还可以实行逐级的明检、互检和暗察,举行多形式、多层次专业技能竞赛,如全国旅游行业专业技能"明星杯"竞赛、各种不同类型的知识问答竞赛等。并且利用社会舆论和内心信念的作用,发动群众监督;同时,把考德、考勤、考绩与奖金分配相结合,以收到较好的效果。这种对旅游职业道德的考评记分法,有以下几方面突出的特点:一是充分调动了广大旅游从业人员的积极性,变过去自发的评价为更积极主动的、有领导、有组织、有计划的评价;二是吸收社会舆论、内心信念等评价方法的优点,促使旅游从业人员高度关心集体荣誉,使评价方法更为客观、科学;三是使旅游职业道德教育、评价能落实到基层,层层有人抓,密切联系实际,具体解决问题;四是与旅游行业的中心工作相结合,与奖励办法相结合,既易于实行又切实有效。

旅游企业要提高旅游职业道德的客观能力和主观能力,把以上 4 种道德评价方式作为一个有机整体统一起来,是规范旅游行业职业道德行为、提高职业道德水平的重要环节。

7.1.2 旅游职业道德评价的作用

旅游职业道德评价对旅游职业道德风气的形成和个人职业道德品质的培养,有着十分重要的作用。

1)对旅游职业道德行为的善恶起裁决作用

在旅游职业道德评价中,必然涉及善、恶这两个范畴。这是依据一定的旅游职业道德原则和规范,以善恶为标准来评判旅游从业人员的职业道德行为或思想的价值。

在旅游职业道德的评价中,往往以"好"来代替"善",用"坏"来代替"恶";同时,在职业生活中也往往用"正"气来表示"善",用"邪"气来表示"恶"。

在旅游职业道德评判中,这种善与恶就是从宏观上对旅游从业人员进行裁决好与坏的标准。

例如:H先生是北京某旅行社的英语导游,他给我们讲了一段经受良心震撼的亲身经历:"1986年9月初,我陪同一个由24名德国游客组成的旅游团,从拉萨经羊卓雍错、江孜、日喀则、定日,最后抵达樟木。我们行至途中,意外的事情发生了:一位上了年纪的客人突然脸色苍白,呼吸急促。客人中的一位医生看过,说病人患的是心肌梗塞,有生命危险。病人的夫人也说他以前得过心脏病。我们的车上没有急救设备,沿途也没有医院,只有加速赶到樟木,那里有一个医疗站,有两个内地援藏的医生。车沿着崎岖不平的山路疾驶。山区的天气变幻无常,车外下起了急雨,到近处才看清楚,有一辆拖拉机陷在泥里了。旁边站着一位中年藏族夫妇和一个冻得发抖的小女孩。他们带着祈求的目光向我们招手,高声说着什么,我们的藏族司机说,他们请求我们帮助拖车。我一下子蒙了,看看车下无助的藏族同胞,再看看车上快要咽气的病人,真希望马上有人能够命令我应该做什么。我不敢看还在雨中招手的那个藏族小姑娘,让司机继续赶路了。我们抵达樟木的时候,病人已经死去了一个多小时。"一晃十几年过去了,由这件事引发的内疚和矛盾还在萦绕着H先生。"当时我明明知道病人肯定活不了了,可还是没有停下车去救那几位藏民。可是如果我当时停车帮助他们,我又如何面对死者的家属呢? 这么长时间了,有时我闭上眼睛,还能看到那个呼噜着倒气的德国客人和那个在雨中瑟缩的藏族小姑娘。"

人若是尽到了全力,心也就安了。H先生感觉到良心的压力,并不在于当时断错了孰重孰轻,而在于由事后结果验证出来的遗憾。这种遗憾对H先生来说是无奈的,但是它将长久地保存于H先生的职业良心之中,成为他用来梳理自

己的职业道德以及处理职业矛盾的重要基础和参照。

2）旅游职业道德评价有深刻的教育作用

旅游职业道德评价的教育作用，是指它能够凭借自身特有的权威性，影响旅游行业的社会风尚，以及旅游从业人员的职业道德、理想和行为。在旅游职业生活中，职业道德评价通过激励、抑扬、典型引导等形式，营造公众舆论，树立榜样，唤起从业者对消极、腐朽的职业道德行为的厌恶，对积极、先进的职业道德行为的仰慕。通过职业道德评价，从业人员懂得什么是善、什么是恶，什么是应该做的、什么是不应该做的，从而肯定善行、坚持善行、否定恶行、消除恶行。因此，旅游职业道德评价既能激励人、鼓励人多行善事，又能规劝人、教育人自觉抵制各种不道德的职业行为和思想，从而划清善恶界限。同时，这种道德评价还能深入到旅游从业人员的内心，引起良心上的内省，唤起职业道德的责任心和职业道德行为的荣辱感，使人们自觉调整自己的行为，在分清善恶是非的基础上，培养高尚的职业道德品质。

3）旅游职业道德评价有突出的调节作用

旅游职业道德评价的调节作用，是指道德评价可借助于社会舆论、内心信念、传统习惯和良心等，指导或纠正从业人员的职业道德行为，以协调从业人员之间、个人与集体之间的关系。在旅游职业活动中，从业人员与服务对象、从业人员与社会、企业与企业之间，都会产生各种复杂的矛盾和关系，职业道德评价通过社会评价和自我评价，使某些符合道德原则的行为得到广泛传播并受到较多人的效仿，而对于违反职业道德准则的现象，则及时地通过大众舆论工具进行批评、谴责，引起从业人员的良心共鸣，以控制其蔓延，从而起到调节从业人员的职业道德行为，创造良好的职业道德风尚，协调职业道德生活的作用。

7.2　旅游职业道德修养

道德修养是人类道德活动的重要内容，人类只有通过这些活动，才能在实际生活中具体落实一定的道德原则和规范，形成一定的道德关系，并逐步发展道德意识和进一步发挥道德的作用。旅游职业道德也是这样。只有通过个体的道德修养，旅游职业道德才能转化成为广大旅游工作者的个人品德，成为直接推动各项工作的精神动力。

7.2.1 旅游职业道德修养的含义

1)道德修养的含义

修养一词包括以下几层含义:一是指"修身养性"之道;二是指待人接物的良好态度;三是指人们在思想政治、道德品质、知识技艺等方面所达到的水平、素质和才能;四是指为了达到上述目的所进行的自我锻炼、自我改造和自我教育的过程和功夫。

所谓道德修养,就是个人在社会实践中,根据一定的道德原则和规范,自觉地在道德品质和情操等方面进行"自我锻炼"和"自我塑造",力求使自己逐步形成高尚的品德和达到较高精神境界的行为。

道德修养是一种重要的道德实践活动,是道德品质形成和道德人格塑造的重要途径,是道德职能和社会作用得以实现和充分发挥的重要杠杆。那么,什么是旅游职业道德修养呢?

旅游职业道德修养是指旅游从业人员在旅游职业实践中,根据旅游职业道德的基本原则和规范,在旅游职业道德品质方面自觉地进行自我锻炼、自我改造、自我陶冶、自我教育,以使自己的道德品质达到崇高的精神境界。

2)道德修养的基本途径

一般说来,社会的道德原则和规范内化为一个人的道德信念和道德行为要通过两个途径:一是道德教育,二是道德修养。两个比较而言道德修养比道德教育更为重要,因为道德修养强调的是自我教育、自我约束、自我锻炼。在社会主义市场经济条件下,要想把社会的道德规范转化为人们的良心,一方面要靠道德教育,另一方面要靠道德修养,要靠人们的普遍觉悟。作为意志的磨炼,道德修养有如下一些基本途径:

(1)立志与力行

立志就是宏志,即要树立远大的道德理想。这个理想就是"道",所以立志就是"立道"。这里的"道"指的就是一定社会阶级的道德原则和规范。立志或立道,就是按照一定社会和阶级的道德要求为自己树立起道德上的理想人格目标。"力行"实际上就是"践履",与"躬行"、"笃行"同义,指的是亲身道德实践。道德修养如果仅停留在口头或内心里,而不见于行动,就永远达不到既定的目的。"履,德之基也。"(《周易·系辞下》)道德修养必须落实到实践中。"力行"还有一个重要的内容,即在"事上磨炼",强调正确地对待人生中的顺境与逆境,

在艰难困苦中见精神。

(2)内省与慎独

内省和慎独是我国传统道德修养中的精华。它是自我修养的两个彼此联系、相互作用、不可偏废、行之有效的方法。内省即对自己内心的省视,既是一种自律的心理,又是一种自觉自我反省的精神。通过这种方法,人们反思自己的言行,对它们进行自我评价,从而达到调控自己的行为,提升自我的社会价值,使自我不断地发展和完善。慎独既是一种重要的道德修养方法,又是一种道德境界。它是我国古代哲人提出的一种重要的道德修养方法。在早期的儒家经典《大学》和《中庸》中都提出了"君子慎其独"的思想,指的是一个人独自居处时也要谨慎地注意自己的内心和行为,防止有违背道德的思想或不符合道德要求的行为。慎独对人的行为提出3方面的要求:慎思、慎言、慎行。强调在学习、做人、处事方面要勤于思考,使自己的言行符合社会的道德和法律规范,做一个有道德修养的人。

(3)改过与知耻

在人们日常生活和工作中,改过是道德修养的重要途径。改过就是指改正自己的错误和过失。知耻即有羞耻心。羞耻心是人的道德行为的基础,一个人只有懂得知耻,才能使言行符合社会的道德规范,成为一个有道德修养的人。

3)道德修养的目的

明确道德修养的目的,是正确而有效地进行道德修养的重要前提。道德修养的根本目的在于培养高尚的道德品质,提高整个社会的道德水平。

道德品质通常也叫品德或德性。马克思主义伦理学认为,人的道德品质不是先天就有的,而是后天形成的。道德品质的形成,首先是一个在实践基础上主观因素和客观因素相互作用的矛盾发展过程。一般说来,都是由社会或阶级的利益要求同个人对待这种要求之间发生矛盾,然后经过个人的自觉意志的选择,才能形成道德品质。其次,道德品质的形成,又是一个在社会实践中不断积累新的品质因素的过程。每一次矛盾的解决,都意味着道德认识的提高和新的道德行为的产生,这就形成了新的道德品质因素。经过长时期的积累和锻炼,这些新的品质因素就会由量变到质变,最终"积善成德",成为一个人的内心信念和行为习惯。这时,新的道德品质也就形成了。旅游从业人员在培养自己的高尚品德时,也必须自觉遵循这些基本规律。

根据道德品质形成的规律,旅游从业人员在道德修养过程中会遇到这样两对矛盾:

一是社会主义旅游职业道德的要求与个人道德选择能力、道德践行能力之间的矛盾。要解决这一矛盾就需要加深和提高对社会主义旅游职业道德体系及其要求的认识,在旅游职业实践活动中不断提高自身的道德选择能力,提高践行能力。

二是自身受消极道德因素影响而形成的低下的道德品质与先进的道德品质之间的矛盾。要解决这一矛盾就需要无情地解剖和反省自己,积极主动地开展两种道德观念的斗争,不断地更新自我、超越自我和完善自我。

7.2.2　旅游职业道德修养的要求

旅游从业人员进行道德修养的根本要求,一是努力培养高尚的道德品质,二是不断提高自己的道德境界。

1)努力培养高尚的道德品质

培养高尚的道德品质,是道德修养的根本要求之一。不同的时代和社会,对人们道德品质的要求有所不同。古希腊时代,"智慧、勇敢、节制、公正"被视为全体公民的四大主德;资本主义发达时期,资产阶级把"惜时、守信、节俭、进取、公平"作为自己的道德品质;我国古代,人们除了把"仁、义、礼、智、信"作为五常德外,还提出了"礼义廉耻、忠孝节义"等道德品质。孙中山先生在辛亥革命时期又提出"忠孝、仁爱、信义、和平"等,并视其为中国人民应当培养和树立的道德品质。马克思主义伦理学把道德品质,尤其是共产主义道德品质的研究和培养提高到了新的高度。以马克思主义伦理学原理为指导,结合我国旅游业的职业特征,旅游从业人员在道德修养过程中,应努力培养如下一些道德品质。

(1)诚信

诚信就是诚实守信,讲信用,守诺言,办实事。

(2)忠实

忠实就是忠诚老实。这里所说的忠诚,就是忠于祖国、忠于人民、忠于共产主义的理想和信念、忠诚于旅游事业。老实,就是对人对事实事求是,表里如一,讲究信誉,遵守诺言,说到做到,不弄虚作假,不消极怠工,踏踏实实、认认真真地做好各项工作。

(3)无私

正确处理国家、集体、个人三者之间的关系,坚持个人利益服从集体利益和国家利益,在旅游服务接待工作中努力做到无私奉献,服务游客。

(4)正直

在处理各种关系和问题时,富于正义感,襟怀坦荡,见义勇为,敢于坚持原

则,敢于坚持真理,疾恶如仇,大义凛然,廉洁奉公。面对邪恶,不逃避,敢于斗争。必要时为国家、为人民、为旅游事业和旅游者的利益甘愿作出自我牺牲。

(5)热忱

对旅游事业、对人民、对祖国充满热爱之情,在工作中积极向上,敬业乐业,英勇果断,敢于开拓,敢于创新,以高度的事业心和责任感对待工作。

(6)谦逊

能够正确对待成绩与荣誉,正确对待批评与建议,尊重别人,豁达大度,不断学习,不断进取。旅游从业人员具有这种道德品质,就能在职业活动中做到严于律己、礼貌待客、谦虚待人、不断进步。

(7)勤俭

它是我国劳动人民的传统美德,也是远大的职业理想在个人工作、生活中的具体体现。勤能创业,俭能养志。旅游从业人员具有这种良好品质,就能在工作中多作贡献,拒腐蚀,永不沾。

2)不断提高自己的道德境界

道德境界是人们在道德品质修养过程中形成的高低不同的觉悟程度,也指在某一时期内,人们所到达的道德品质水平和一个人的世界观、人生观、思想情操、觉悟水平的综合反映。

根据我国目前的实际情况,人们的道德境界大体分为以下几种:

(1)自私自利的道德境界

处于这种道德境界的人,一切都以是否有利于自己的私利为出发点,信奉"人不为己,天诛地灭"的原则;认为人的本性都是自私的;他们唯利是图、损人利己、损公肥私,为达到个人目的,可以不择手段地损害他人和社会集体的利益。

(2)公私兼顾的道德境界

处于这种道德境界的人,常常十分矛盾,在公私之间摇摆不定。他们既保留了不少的个人主义的东西,又形成了一些集体主义的品质,主观上总想把公与私、集体利益和个人利益摆平,做到公私兼顾,但当个人利益与集体利益发生尖锐矛盾时,这种平衡就难以保持了,他们或是前进,或是后退。

(3)先公后私的道德境界

处于这种境界的人,已经初步树立起革命的人生观和形成了较好的道德品质。他们一般能正确处理个人利益和他人利益以及集体利益的关系。一事当前,能先为集体和他人着想,然后再考虑自己;必要时,还能因公舍私。

(4)大公无私的道德境界

处于这种境界的人,具有坚定的共产主义世界观和人生观。他们生活的目的,是全心全意为人民服务,为党的事业而奋斗。在公私关系上,他们能做到毫不利己,专门利人,能够不惜为公牺牲一切,公而忘私,大公无私,对工作极端负责,对同志对人民极端的热忱,能够把有限的生命投入到无限的为人民服务中去。大公无私的道德境界是最高的道德境界,旅游从业人员要想使自己成为一个具有高尚情操的人,就应该加强自身的职业道德修养,逐步提升自己的道德境界,争取到达大公无私的最高境界。

例如,文花枝,身为导游,座位在车旁,但对最先到达并为她施救的人员说:"我是导游,后面是我的游客,请你们先救游客。"就这样,文花枝强忍剧痛近两个小时,直到最后一名游客被送上救护车,她才接受救援。由于耽误了最佳救治时机,最终导致她左腿高位截肢。在几度昏迷中的她还一直保护着集体的财产(旅游团款)。那么,她为什么能这样呢?她靠的就是一种内心信念和职业的良知,促使她去履行自己的职责,用生命作为代价向游客实践了诚信的诺言。在文花枝身上体现出了新一代旅游从业人员高尚的道德品质和道德境界,这就是临危不惧、忠于职守的敬业精神,先人后己、舍生忘死的牺牲精神,从容淡定、笑对人生的乐观精神,这3种道德精神融为一体,就是人们称为的"花枝精神"。这种"花枝精神"是新时代的体现,是旅游从业人员进行道德修养所要达到的道德境界。

以上4种境界,在本质上分属两种对立的道德体系。

第一种自私自利的道德境界,就是以个人主义的道德原则作为生活信条的一种精神境界。这种精神境界是与社会主义和共产主义的道德体系格格不入的。第二种公私兼顾的境界,实际上是一种过渡性的境界。它不可能长期稳定在一个水平上,要么倾向于集体主义,要么退回到个人主义方面去。目前我国社会中处于这种精神境界的人为数不少。第三种先公后私和第四种大公无私的境界,当然都是属于以集体主义为准则的社会主义和共产主义道德范畴的。不过,这两种境界也有高低层次之分。我们必须大力倡导集体主义精神,引导人们去追求先公后私和大公无私的境界。尤其是大公无私的境界,虽然目前能达到这种境界的人还不是很多,但却代表了社会发展的方向,体现了我们时代的精神风貌,是社会主义时期的道德楷模,也是我们所要追求的理想人格和理想境界。每个社会主义旅游工作者要想使自己成为一个具有高尚情操和真正幸福的人,就应该努力通过道德修养来提高自己的精神境界。

7.2.3　旅游职业道德修养的内容

旅游从业人员的职业道德修养的内容包括职业道德认识、职业道德情感、职业道德意志、职业道德信念、职业道德行为和习惯等 5 个方面。

1）职业道德认识的修养

职业道德认识是指人们在职业生活中对职业道德原则和规范的理解,是产生职业道德情感、职业道德意志、职业道德信念,支配职业道德行为的基础和起点。旅游从业人员在道德修养过程中要努力提高职业道德的认识,理解和掌握职业道德原则和规范,把它内化为已有,就能达到明是非、别善恶、辨美丑、识荣辱。正确确定自己对客观事物的态度和行为,为职业道德修养提供理论上的指导,使之沿着正确的方向发展。

2）职业道德情感的修养

职业道德情感是从业人员依据一定的职业道德观念,在职业活动中对事物进行善恶判断所引起的内心体验。从业人员对善的职业道德行为产生热爱崇敬的情绪感受,必然导致倾心向往,并积极效仿;对不道德的职业行为产生厌恶、憎恨的情感,也将引起反对和避免恶行的实际行动。列宁有一句名言:"没有'人的感情',就从来没有也不可能有人对真理的追求。"如果说追求真理需要感情,那么在实践职业道德义务的过程中,就更需要炽热的职业道德情感。实践证明,人们具有高尚而强烈的职业道德情感,才能形成坚定的职业道德信念,逐步形成优秀的职业道德品质和精神境界。如果一个人没有强烈的职业道德情感,就不能采取抑恶扬善和去恶从善的有利于职业道德修养的实际措施与行动;没有职业道德情感,职业道德的原则和规范就始终是外在的。从业人员在职业道德修养中培养职业道德情感就是使自己的职业道德认识升华为持久的、稳定的情绪体验,并在职业活动中不断激发和保持健康的情感,如热爱本职工作,热爱服务对象和产品,尊重和信任同事等。

职业道德情感包括职业道德正义感、义务感、良心感、荣誉感、幸福感等,如爱、恨、荣、辱、美、丑等不同感受。

（1）正义感

正义感是一种最基本也是最高尚的道德情感。它是以公正、平等为前提,以公正的态度来对待人和处理人员之间的关系,维护国家的利益和人民群众的合法权益,维护社会主义的政治、经济、法律、政策、纪律。

正义观念起源于原始人同态复仇的平等观念。在阶级社会里,正义是以法律或协议为前提的,维护法律或协议的行为被视为正义,否则就是非正义。统治者培养人们维护国家法律制度的正义感是维护社会秩序和巩固国家政权所必需的。但是,不同的阶级有不同的正义观念。剥削阶级的所谓正义,本质上是维护私有制和他们剥削劳动人民的权利,所以是虚伪和反动的。在社会主义条件下,维护社会主义的政治、经济、法律等国家制度,维护社会整体利益和人民群众的合法权益,才是正义的表现。富于正义感的人坚持公正,反对偏私,敢于坚持原则,同一切危害国家、集体和他人利益的言行作斗争,能仗义执言、见义勇为、疾恶如仇、刚直不阿。这种正义感,是在同不公正的社会现象作斗争的过程中形成的,是品德正直的表现。旅游从业人员必须自觉培养这种高尚的道德情感,才能在职业活动中抵制各种不正之风,维护国家尊严和旅游者的正当权益。

(2)义务感

义务感是在道德上对社会和他人尽到责任,是人们在履行自己的道德责任过程中产生的一种内心的体验和道德情感。它既是道德行为的出发点,也是激励人们实现某种道德目标的内推力。一个具有强烈道德义务感的人,必然是一个责任心很强、能自觉履行社会义务的、具有较高道德觉悟的人。义务是一种被认识到了的客观道德责任。当导游人员具备了强烈的道德义务感,就能真正做到为旅游者热忱服务,对旅游者真诚负责;否则,就会冷漠无情,敷衍塞责。此外,人们在履行社会义务时,有可能同个人的兴趣爱好发生矛盾。努力使个人的兴趣爱好服从于社会义务的需要,逐渐将履行社会义务变成个人的兴趣爱好,这也是道德情感修养的一大任务。因此,只有乐于履行社会义务的人,才能算是真正有道德的人。我们在社会主义旅游职业道德原则中所提到的"敬业"和"乐业",就是属于这方面的要求。

(3)良心感

良心感,所谓的良心感就是人们在履行对他人和社会义务过程中形成的道德责任感和自我评价的能力,是一定的道德观念、道德意志和道德信念在个人意识中的统一。

良心的作用大体上有3种:第一,良心是隐藏在人们内心深处的一种意识活动,是人们的行为最古老、最隐藏的个性调解器;第二,良心是人们内心中把理性和情感以及潜意识融为一体的精神力量;第三,良心是人们自我进行道德评价的裁决者。

良心对人们行为的作用体现为一个过程:首先,在人们做出某种行为之前,良心要根据履行义务的道德要求,对行为的动机进行自我检查,对符合道德要求

的动机予以肯定,对不符合道德要求的动机进行抑制或否定,从而作出正确的动机决定;其次,在行为过程中,良心能够起到监督作用;再次,在行为之后,良心能够对自己行为的后果和影响作出评价。

良心感也是一种道德责任感,它是人们就自己的行为在同他人和社会的关系上负有道德责任的自觉意识和相应的自我评价能力,是一种对自身行为是非、善恶的内心体验。良心是内心信念的具体体现,和社会舆论共同起着维护社会道德风尚的重要作用。有良心感的人,为人正直、诚恳,能时时处处地为他人和社会集体着想,说话、办事注意分寸,不忍心损害他人和社会集体的利益;对人能宽大为怀,以德报怨,坦诚相见,绝不忘恩负义,过河拆桥。在情况较为复杂的情况下,良心感能促使人们选择道德行为,纠正不良动机,自觉遵守道德规范。尤其是在无人监督或别人无法干预和社会舆论难以发挥作用的场合,良心感的监督、评价作用就显得更为重要。旅游业的特点之一是从业人员分散或单独活动多。在为旅游者服务的过程中,有许多事情是从业人员在无人监督和别人难以干预的情况下进行的,这就需要培养自己对旅游事业和旅游者极端负责的良心感。

(4)荣誉感

荣誉感是古往今来人人都有的一种道德情感。当人们意识到荣誉是社会对自己的道德行为所做的肯定和鼓励,并且由此看到了自己的社会价值时,会感到由衷的喜悦,这种情感就是荣誉感,也叫自豪感或自我尊严感。荣誉是和义务密切相关的,荣誉必须以义务为前提,不尽义务就谈不上荣誉。同时,个人荣誉和集体荣誉也是密切相关的,没有集体的支持,就谈不上个人的成绩和荣誉,因此集体的荣誉总是高于个人的荣誉。旅游从业人员一定要正确对待荣誉和义务,在职业实践中多作贡献,为旅游事业争取荣誉;反对不想尽义务,只想索取的个人虚荣心;同时,还要努力培养集体荣誉感和民族自尊心,坚决维护祖国的尊严,为企业争得荣誉。

(5)幸福感

幸福感作为一种道德情感,是人们对人生的一种满足感。由于人们追求的生活目标不尽相同,所以对幸福的理解也不完全一样,甚至有极大的差异。例如,追求享乐的人以吃喝玩乐为幸福,追求金钱的人以得到金钱为幸福,追求名利的人以得到名利为幸福,献身科学的人以获得科学成果作为最大的幸福,献身事业的人以获得事业的成功作为最大的幸福。个人主义者往往在追求个人幸福时不惜损害集体利益,把自己的幸福建立在别人痛苦的基础之上,仅仅为追求个人幸福而奋斗的人,他们所得到的只能是可怜的自私的快乐;只有把个人的幸福和大家的幸福统一起来,自觉地为绝大多数人去争取幸福的人,才能得到最大的幸福。

3）职业道德意志的修养

职业道德意志是指人们履行道德义务，克服困难和障碍，将职业道德行为坚持到底的一种精神力量。职业道德意志是职业道德认识阶段转化为职业道德信念和职业道德行为习惯阶段的桥梁和杠杆，在职业道德品质形成的过程中起着重要的作用。人们在职业道德实践中，必然会遇到这样或那样的困难和障碍，如外部的不良物质条件的限制、舆论环境的压力和金钱、享乐等各种诱惑力，自己的不良动机的各种心理障碍等，这就需要人们具有坚定的职业道德意志去克服。履行职业道德义务的本身就包括为他人或社会的利益而牺牲个人的利益，必要时献出自己的生命。这需要人们具有坚强的职业道德意志。所以，从业人员必须在职业道德修养的过程中，积极地进行职业道德意志锻炼，养成坚强的职业道德意志品质。

4）职业道德信念的修养

职业道德信念是指人们对职业道德义务所具有的坚定的信心和强烈的责任感。它是深刻的职业道德认识、炽热的职业道德情感、坚强的职业道德意志的有机统一，是职业道德品质的核心。职业道德信念具有很强的稳定性和持久性，它是职业道德意识转化为职业道德行为的强大的内在推动力。因此，树立正确的职业道德信念是从业人员职业道德修养的核心内容。人们一旦有了坚定的职业道德信念，就能在工作中认真负责，精益求精，尽职尽责，排除一切干扰和阻力，恪守职业道德原则和规范，并以此为标准鉴别和评价自己和他人的职业道德行为的善恶。

5）职业道德行为习惯的修养

职业道德行为习惯的修养，就是按照职业道德原则和规范进行行为选择和评价。逐步养成符合道德要求的行为习惯，做到自知、自爱、自律，塑造美好的职业形象。养成良好的职业道德行为习惯是职业道德修养的结果和归宿。我们所说的良好的职业道德行为习惯是指在没有任何人监督的条件下，从业人员也能自觉地恪守按照社会主义职业道德原则和规范，积极主动地选择善的职业道德行为。要达到社会主义职业道德修养的目的，从业人员必须在职业实践中把职业道德认识、情感、意志、信念这些主观意识形态的东西，上升为职业道德行为习惯，并贯穿和体现在自己的全部职业道德行为之中，这样才能使自己成为现代化旅游建设的合格人才。

职业道德认识、职业道德情感、职业道德意志、职业道德信念和职业道德行

为习惯是职业道德修养的内容,它们之间相互联系、相互促进、相互制约,构成人们职业道德修养的统一过程。职业道德认识转化为职业道德行为习惯,必须经过职业道德情感、意志和信念的整个过程。职业道德修养形成高尚的职业道德品质,不是一个简单的过程,而必须要经历实践、认识、再实践、再认识,循环反复,逐步提高的长期复杂的过程。虽然职业道德修养的过程有一定的规律性,但是各个阶段的排列顺序,因为社会生活的复杂性和多变性和从业人员受社会环境的影响和生活经验以及个人职业道德品质的构成不同,所以不是绝对的。

本章小结

在旅游业飞速发展的今天,需要道德品质高尚,具有献身于旅游事业的从业人员。加强职业道德修养,有助于提高整个社会的道德水平,旅游职业道德水平的高低,取决于旅游从业人员的职业道德品质和职业道德境界。在实际工作中,从业人员体现的道德品质如何,执行道德规范如何,专业水平发挥如何,都需要职业道德评价来判断。通过职业道德评价的判断,能督促旅游从业人员加强自身的职业道德修养,达到先公后私、大公无私的道德境界,养成良好的职业道德行为习惯,努力进取,做一名适合新时代发展的旅游从业人员。

案例分析

诚信经营使西安旅游服务质量大增

据 2006 年 10 月 07 日《陕西日报》报道:今年"十一"黄金周的第二天,一个由 32 名游客组成的旅行团,自西安咸阳国际机场乘 KA941 航班直飞香港,开始了为期 4 晚 5 天的"非常港澳"品质游。虽然每人都为此支付了 3 380 元,但细化日程安排上写着:宿香港四星级酒店、赤安柱游览、晚餐食赤柱海景西餐……每一天的安排都让他们感到物有所值。万一出现意外他们也不担心:在西安中旅国际旅游公司,导游和领队每接一个团队,都必须让客人填写服务质量评价表。服务不好会影响他们的量化考核。达不到预定的标准,或者是有强迫游客购物、增加额外自费项目等行为,游客可获双倍赔偿。诚信经营引来了稳定的客源。据介绍,西安中旅国际旅游公司每年组织的出境游客都在万人以上,位居全省第一。

这只是西安市旅游局在全行业开展诚信旅游活动的一个镜头。自 2005 年 10 月份以来,他们通过制订诚信旅游评价标准,实施对各旅游经营单位的诚信考核,引导和督促旅游经营单位自觉践行诚信标准的各项要求,已取得了显著的成效。人常说,一分价钱一分货,说明了诚实守信、按质定价是市场运行的基本规律,也是我国的传统美德。因此,自有旅游黄金周以来,各地都因游客的增多而给当地带来滚滚财源。

　　然而,随着旅游市场的客源竞争日趋激烈,一些旅行社走上了低价竞争的歪道。他们打出虚假广告,以低于成本的"零团费"、"负团费"吸引游客,服务项目不明码标价,一旦游客上了圈套,导游或领队便在途中随意增加购物点,从中收取人头费、拿提成;增加让游客自己付费的项目,减少开支,以此弥补旅行社的亏空。有的旅行社为了降低成本,还雇用不能持证上岗的"野导游",降低服务标准。其结果导致旅游行业的诚信度下降,引起了游客的不满。正是针对这种现状,西安市旅游局按照国家旅游局的统一安排,在去年10月以来开展的"诚信旅游活动"中,全面规范与整治西安旅游市场秩序。先后针对黑导游、野导游、零负团费虚假广告等违规行为开展了多次专项治理,在此基础上,该市大力开展旅游企业诚信经营专项活动,建立了旅游企业"黑红榜"公示制度,先后有44家诚信记录好的旅游企业受表彰,4家诚信记录差的旅游企业在媒体上通报批评。为了大力宣传诚信旅游活动,该市还举办了声势浩大的旅游经营企业诚信经营公约签名活动,印制了游客意见调查表,广泛征集游客意见;在媒体上刊登旅游投诉案例,引导游客在出游时维护自身权益。为了帮助更多的旅游企业在诚信经营上不走回头路,该市先后建立了旅行社和导游员的诚信档案和诚信激励与惩罚制度,通过"西安旅游信息网"定期发布旅游企业和人员的诚信状况;建立了旅游行业的诚信自律机制和诚信监督机制,通过发放游客意见表、游客回访等方式,保证旅行社把诚信经营的各项措施落在实处。

　　"诚信"经营是旅游行业生存和发展的根本,也是提升旅游服务质量的重要基础。但低价旅游是近年来旅游行业诚信缺失、质量下降的重要原因。提升旅游服务质量,不仅需要旅游企业以诚信为本,公平交易,还需要广大游客的密切配合。在选择旅行社时,不单考虑旅游产品的价格,更应考虑旅行社的市场信用,出门在外要文明旅游,理性消费。也正因此,中央文明办、国家旅游局正在全国开展"提升中国公民旅游文明素质行动"活动。我们坚信,只要旅游企业的广大职工和每个游客都身体力行,共同建设文明、诚信的旅游新秩序,西安旅游业就一定会迎来更加辉煌灿烂的明天。

　　分析:

　　通过此案例,结合本章的学习内容,谈谈你对旅游职业道德的修养及评价的看法。作为一名旅游从业人员怎样提高自己的职业道德境界?

复习思考题

1. 旅游职业道德评价的形式有哪几种？各有什么特点？

2. 何谓道德修养？旅游从业人员进行道德修养的目的什么？

3. 旅游从业人员进行道德修养的内容有哪些？

4. 如何提高旅游从业人员高尚的道德品质？

5. 结合实践运用，谈谈旅游职业道德评价的作用。

6. 结合目前我国旅游市场的状况，说说旅游业的诚信问题。

[1] 湖北省旅游局人教处.旅游职业道德[M].武汉:华中师范大学出版社, 2006.

[2] 潘展新.旅游职业道德[M].北京:高等教育出版社,2001.

[3] 李娳,王哲.导游服务案例精选解析[M].北京:旅游教育出版社,2007.

[4] 侣海岩.饭店与物业服务案例解析[M].北京:旅游教育出版社,2004.

[5] 何精华.网络空间的政府治理——电子治理前沿问题研究[M].上海:上海社会科学院出版社,2006.

[6] 刘守旗.网络社会的儿童道德教育[M].南京:江苏教育出版社,2003.

[7] 鲁洁.当代德育基本理论探讨[M].南京:江苏教育出版社,2003.

[8]《政策法规与职业道德》编写组.政策法规与职业道德[M].北京:中国旅游出版社,2001.

[9] 徐堃耿.导游实务[M].北京:中国人民大学出版社,2001.

[10] 生延超.导游理论与务实[M].北京:中国旅游出版社,2007.

[11] 王飞,李联合.中国旅游饭店行业规范全书[M].北京:中国致公出版社, 2002.

[12] 维高.怎样提高餐馆人员商业素质[M].北京:中国物资出版社,1999.

[13] 张永宁.饭店服务教学案例[M].北京:中国旅游出版社,1999.

[14] 漆浩.服务员特训教程[M].北京:中国盲文出版社,2003.

[15] 国家旅游局人事劳动教育司.旅游职业道德[M].北京:旅游教育出版社, 1994.

[16] 吕国荣.品三国悟管理[M].北京:金城出版社,2007.

[17]《科技创新与创新能力的培养》编写组.科技创新与创新能力的培养[M].海口:海南出版社,2006.